遇見張愛玲

她從海上來

艾嘉／著

五南圖書出版公司 印行

前言

與張愛玲似乎有些淵源。小學三年級時，參加全市口頭作文比賽，是課間時，被年級主任拉著去教育局。糊裡糊塗地坐車，糊裡糊塗地到教育局，才糊裡糊塗地知道自己爲什麼來。接著，仍然是茫然不知地抽籤，打開一看，上面寫著：談你最喜歡的一部電影。

那天就是比賽。一切都是那麼的突然。當我看著手中的題目時，腦海中白光閃現，足足停頓了五秒鐘。那個年代，電影業慘澹經營，像我們這般小同學，所看的電影基本上都是學校組織看的愛國題材影片。逢年過節時在操場排隊，然後喜慶得跟發壓歲錢似的

一排排地走到電影院。雖然，有些影片其實並不是特別適合那個年齡的孩子看。但就為了這看電影一路上的唧唧喳喳，就為了看看自己神祕的左右座位會坐著誰，以己度人，我想每個小孩子都是開心的。但是，開心歸開心，電影講什麼內容多半卻不感興趣。

因而，我才會一看到自己抽到的題目，瞬間的傻眼。那個時候，我真的是聰明，一看這個題目，就知道自己應該講諸如《燭光裡的媽媽》、《焦裕祿》這類影片。無奈，我挖空心思回憶這些「紅色影片」（指具革命精神、英雄主義思想的電影），都只是依稀的片段。腦海中，全是跟著爸爸、媽媽蹭電影家協會內部放映的影片。

結果，那天，我開口講了幾天前與爸爸一同觀看的美國電影《斯巴達克斯》。除了自己觀看到的畫面，還把爸爸在放映時灌輸

給我的一些思想全部一口氣倒出來。回到學校，班主任一聽我講的是這部電影，惋惜中還帶著點抱怨說：「你怎麼選這部電影呢？」

反正自己是稀裡糊塗的去，根本沒抱什麼目的。只求面對評委時，不要啞口無言。好在，稀裡糊塗有時候是我的缺點，有時候卻又能化險爲夷。我常把心一橫：管它的，好多事情就會迎刃而解。

那天也是，就那麼十分鐘的準備時間，緊張都得花掉五分鐘，再拿三分鐘排解緊張，最後只剩兩分鐘的準備時間。臺上黑壓壓地坐著十幾個評委，我手指頭緊張得都撐不開了，卻是兩眼一閉地想：管它的，只要說得出話來就行。

過了幾周，評比結果下來，眞是萬萬沒想到，我居然得了三等獎。連爸爸聽了我選擇《斯巴達克斯》，心裡讚賞之餘，還是有些

替我遺憾。大家都覺得一個三年級的孩子，談一部好多大人都沒有看過的影片，實在是不討巧。不要忘了，那可是物資匱乏的八十年代末。就連思想，也相對閉塞。

再看看，所發的獎品：十本一套的中外名著縮寫本。我現在仍然記得有前蘇聯的《白比姆黑耳朵》，印象中萬分深刻的還有《金鎖記》。那可是連一九九〇年都沒有進入的年代，居然有人選擇《金鎖記》出版，並被組委會選擇作爲發給小學生的獎品。就是爸爸，拿到我的獎品，臉上表情都微微一震，覺得主辦方不僅眼光獨到，還有些大膽。或許他心裡說：也正因爲有這樣的人，才會選擇《金鎖記》作爲獎品，也才能理解一個小孩子口中的《斯巴達克斯》。

今天，回想起這件事，眞的覺得要好好地感謝一下那個出版

社，還得感謝挑選獎品的老師。

那就是我第一次知道張愛玲的名字。

第一次讀《金鎖記》，完全是與自己所讀過的文本不一樣的感受和體驗。石破天驚、驚爲天人這樣的詞語，我覺得就是拿來形容這樣的事情的。從此，一發不可收拾地愛上張愛玲。可惜，當時能找到的張愛玲的文本，就只有這麼一部。

一直到初中，我才陸續在雲岩路上的幾個別致的小書店，找到張愛玲的其他作品。那時，已經是二十世紀九〇年代，思想的活躍也帶來出版界的春天，當時留給我的印象就是三步五步就能看到一個書店。而報刊亭周圍永遠都圍著一大圈品讀新書的人。

對張愛玲的狂熱，一直體現在我各個成長時期。大學畢業時的學士論文，選了張愛玲。工作後，即便手上有N多事務做不完，即便晚上不睡覺，也毅然決然地要寫關於張愛玲的這本傳記。

就連旅行，也是對香港、上海更喜愛。

因爲她，喜歡各種鮮亮的顏色，喜歡各種鏗鏘有力的字眼，覺得漢字都帶著色彩，鋼琴的鍵盤就是黑白小精靈在跳舞。甚至少女時期的矯情，都在模仿張愛玲書中的人物。

後來跑到重慶讀書，坐著公共汽車從山路一路下來，重慶人都是烈性子，每每到懸崖盡頭車身才猛地一拐，讓我心臟驟停的霎間，又見柳暗花明。而路上枝頭高懸的豔麗的大紅泡桐花，在我失意落淚時，給我帶來的全是勇氣和力量。在朝天門，我立在那裡看

兩江交匯，聽輪船繁忙的汽笛聲，心潮澎湃。回學校時，又是一個急性子的司機把我從座位的左邊甩到右邊。還有重慶兩岸的燈火，步行街的鬧市，嘈雜的人群。我能從重慶的這些忙碌、喧騰中，感受到我需要的暖意。擁擠在這樣的城市，我不會覺得寂寞。

後來，在重慶待久了，人也長大一點。慢慢的，我能領略週末的清晨，從菜市場捧回一把馬蹄蓮的那種清爽。也能和好朋友一起坐在路邊，吃一塊錢一份的炸土豆，盡情地消磨時光。爲了寫論文，比當地人還熟稔地穿梭於各個市內圖書館。

在重慶的這段求學時光，案頭陪伴我的仍然是張愛玲的圖書。雖然已經熟悉得不用再看。但是我總是不停地從圖書館裡續借。看著它們，就覺得心安。或許，僅僅因爲她，與我熟悉的、溫暖的、在父母身邊生活的那些美好的日子，有著一絲絲的聯繫。

直到我北上到京城，工作之餘寫下這本書。我發現，張愛玲在我心中已經沒有那份不食人間煙火的高高在上斜睨世間百相的姿態，相反，我喜愛她，更多的是因爲她文字中對生活的熱愛，對生活的好奇和探究。只有對生活充滿喜愛的人，才會充分、敏銳地去捕捉生活的不同狀態，而落筆下來，美的東西讓讀者體會到與自己先前感受不同的美感；不美的，也讓讀者能從中發現悲憫，感受到美的力量。

這是怎樣了不起的一個作家的狀態？

所以，直到今天，我仍然滿心歡喜地讀張愛玲的作品。感受她作品中，那些有力的字眼，那些婉妙的顏色。體驗她筆下，傳奇的香港和「東方的巴黎」。與范柳原談戀愛，爲葛薇龍扼腕嘆息。感受主人公百轉千迴的感情以及不徹底的性格悲劇。

同時張愛玲的作品還是一部女性時尚指南。《色戒》裡面主人公每一亮相都是讓人暗暗喝彩的各類旗袍，就連《花樣年華》中張曼玉妙曼的旗袍身影，那些美輪美奐的旗袍圖案，還原的也是一個夢幻般的張愛玲式的舊上海。找不到好看的顏色那就看張愛玲的作品，字裡行間跳出來的「珠灰」、「桃紅」、「湖青」完全就是一幅幅色彩美豔的圖畫；要想尋最新的旗袍款式也可以翻看張愛玲的作品。不是說時尚就是五十年一個輪迴？張愛玲小姐的文字恰好每次都在時尚的前沿。如果你還想領略老上海大戶人家的陳列裝飾，也請看張愛玲的作品。從中你能發現好多古玩市場上都不見蹤影的精巧器皿，你能發現就連屏風都那麼別致獨特。不說別的，看看作品中那些女孩子的妝容，口紅的顏色、指甲的顏色，不都是現在最流行的麼？

買一把桃花賽璐璐梳，腳上蹬著一雙帶著桃花豔香味的錦緞

花樣繡鞋，塗上丹霞的唇膏，看霞飛路上美麗的櫥窗，坐在猶太人的茶店裡品著熱帶叢林一般的綠茶，一會兒還要去買香腸卷和小蛋糕，路上順帶在虹口捎回兩段或素雅或豔麗的和風織布。這就是張愛玲生活的一個側面，也是光色舊上海的一個稜角。

或許張愛玲的作品賦予我們的除了讓人難以忘懷的舊上海，還有那讓人沉醉的男女情愛。我從小一開始讀張愛玲的小說，就是當做言情小說來讀的，看到全是書裡面男女的愛情。就連《金鎖記》，也在為曹七巧最後一次錯失三少爺而遺憾。雖然，張愛玲的作品表現出來的是更深刻更複雜的社會性、人性，但我想，張愛玲本身或許也很高興有人把她的作品當成言情來讀，成為街頭小報和鴛鴦蝴蝶派，這樣的理解，應該比意識形態的刻意拔高更讓她欣喜和自鳴。

種種對張愛玲的解讀，使得我一如既往地像十幾年前那樣熱愛她。當然，隨著時日的更新，再讀張愛玲的文章，每每都能從中發現新意。或許張愛玲的文字，就有這樣的魔力，能伴隨著我們千載的年月。

艾嘉

2011.10.

目錄

1 傳奇與現實的鏡花緣

2 愛恨遲遲

3 天津的依戀，上海的決裂

6 這個男人不能愛

9
傾城之戀的香港

1 傳奇與現實的鏡花緣

退到哪裡，都是江湖。

李菊耦的小姐樓

到南京尋史，夫子廟是給外地人看的，烏衣巷是小商販的幌子，攪和著混沌的秦淮河是拿來給人不正經地遙想秦淮兩岸當年的聲色的。雖然這六朝古都已走了樣，但它仍然有很多故事深藏在濃郁懷舊的磁場下。

在南京江蘇海事學院內，就有這麼一處老宅。

老宅子名叫「小姐樓」，是當年這個院落建築群三座小樓中唯一倖存的一座。主體結構是用赫紅色磚頭砌成，方正平穩，兩層而建，四周繞有青磚迴廊。掩映在綠樹叢蔭裡，典雅中又帶著威嚴。

這座宅子是李鴻章的女兒女婿在南京的住宅。

當年，李鴻章讓自己不得志的女婿——張佩綸帶著女兒——李菊耦（ㄡˇ），移家南京，偏居一隅。或許，遠離是非，不問世事，在李鴻章看來正

是對那個已被朝廷冷落的女婿最好的體貼。

誰都沒有想到權重一時的李鴻章會把心愛的女兒許配給一個相差十九歲，此前還娶過兩任妻室，留有兩個男孩的兵敗被貶之人。

一八八八年，娶李鴻章的大女兒李菊耦時，張佩綸四十歲。正是潦倒之時。

光榮的起點與灰暗的轉身

遺傳有著隱祕的力量，潛伏在我們生命中的枝節細末處，總會在不經意間讓我們發現一點巧合。就像張愛玲說的「遺傳就是這樣神祕飄忽」，似乎這個家族成員都有一支生花妙筆。

一九四三年，張愛玲在上海發表了包括「我們文壇最美的收穫之一」——《金鎖記》在內的一系列力作，一剎那間轟動上海灘。一八七一年，她的祖父——張佩綸，名列進士榜第二十四位，次年進入翰林院。一八四五～一八四六年，她的外曾祖父——李鴻章，在初次會試落榜後即以「年家子」的身分投帖拜在湖南大儒曾國藩門下，學習經世之學。次年，李鴻章考中丁未科二甲第十三名進士。

而這些只是一個光榮的起點。一八七六年，二十八歲的張佩綸因表現優異，

官至侍講，署左副都御史，也就是擁有了可以單獨上書的權利。言官生涯的九年裡，他評議朝政、彈劾汙吏，用文字指點江山，意氣風發，好不得意。也正因爲「直聲」讓他成爲朝廷紅人。後來，一疏上聞，四方傳誦，成爲一股強大的政治勢力。連平日張佩綸愛穿的竹布長衫，都被大家競相模仿，成爲時尚偶像。

清末四大譴責小說之一的《孽海花》裡面，很眞實地再現了張佩綸當年的「盛況」。

> 上頭竟說一句聽一句起來，半年間那一個筆頭上，不知被他拔掉了多少紅頂兒。滿朝人人側目，他到處屁也不敢放一個。……人家愈怕，侖樵（即張佩綸）卻愈得意，米也不愁沒了，錢也不愁少了，車馬衣服也華麗了，房屋也換了高大的了，正是堂上一呼，堂下百諾；氣焰熏天，公卿倒屣；門前車馬，早晚塡塞。

張佩綸靠著一支筆桿子，成爲當時清朝廷「清流黨」的重要人物。

明清兩朝很流行清流之說，看著忠直、剛正不阿，打著「爲了國家」的旗號，把看著不順眼的事和人，拿來說一番事。這裡面肯定不乏用心純粹的人。但是，也有不少人，在我看來，不過是爲官爲政的另外一種姿態。

但張佩綸的確是因爲忠直而得到朝廷的重用。他在總理各國事務衙門行走時，「內則不避權要，外則論議鋒厲，滿朝側目。」當時的美國駐華大使楊約翰曾對人說：「在華所見大臣，忠清無氣習者惟佩綸一人。」

適逢法國侵略越南，覬覦我國南部，張佩綸連上書數十篇，力主抗法。當時與寶廷、黃體芳和何金壽爲「四諫」成員。這正是清流一派的鼎盛時期，他們作爲清流中負氣敢諫的人物名噪一時。這幾個中堅力量，都以文學侍從之臣而得以重用，成爲手握重權的欽差。

然而，當他被派往福建會辦海疆事務時，當他意氣風發想在福建辦出個樣子時，他的人生，他亮麗明媚的前半生，灰暗地轉身了。是不是人都不能太順？否則物極必反？

我們不能把《孽海花》當做考據來讀，畢竟曾樸像一切名士派的文人一樣醉心於製造佳話。但張佩綸宦海沉浮，大起大落，時運乖蹇，經過文學的渲染，的確就是一部傳奇。

一八八四年，張佩綸來到福建。當時法軍早已虎視眈眈，就等著打這一仗。而清朝水師實在是沒有幾斤幾兩，我們從小學近代史，都知道一到打水戰，都是慘敗的結局。好不容易出了個丁汝昌，也只是一個愛國主義的紅色典型，其實還是一個慘烈的例子。所以說，張佩綸，一個從來沒有受過什麼軍事訓練的文弱書生，會辦海疆，稍微清醒理智一點的人都知道，贏的幾率有多小。

他自己也打算先到那裡瞭解情況，然後奏明朝廷時局與自己的實力並不匹配。如果能被召回，那敢情好。如果朝廷不改初衷，那自己就「設辭棄病」。然而，人生有很多事情總在不經意間被命運之手牽引到另一條道上。有時候，就是那麼一下子的改變，可能你會錯過一個人，可能你會錯過某件事，更有時候，你的人生會大抄底，全盤皆錯。

一到福建，張佩綸就改變了想法。他慷慨陳詞，心雄萬夫，殫精竭慮，廢寢忘食，甚至進駐戰爭最前沿馬尾船政局。不知道是什麼原因讓他突然改變了初衷，由一個手無寸鐵的書生，變成激昂萬千的將士。

其實他自己也知道這一仗完全沒有把握，在他給侄子張人俊的信中，滿紙淒苦悲涼，對這場戰爭他哪有什麼把握。所以，我眞的很佩服他。他放棄了庸俗自私的虛與委蛇、自我保全，豪邁立於信仰的巔峰。明知不可爲也要爲之，壯懷激烈，滿腔悲壯。

這樣的縱情一搏，這樣慷慨絕望的情懷，成全的是一個男人的雄心，一個叱吒風雲、策馬揚鞭、響噹噹的男人夢想。

然而這是一場輸定了的戰爭。這一年的七月，法軍在大風雨中出兵，讓全無防範的清軍措手不及，加上兵器陳舊，「所部五營潰，其三營殲焉」。

有一個笑話是說，潰敗後的統帥張佩綸，臨陣脫逃，逃亡路途還不忘啃豬腳。時人以聯戲曰：「三錢鴉片，死有餘辜。半個豬蹄，別來無恙。」其實，人

生本來就有很多平面，平時展現出來的都是拿得上檯面的，但在突發事件臨陣關頭，有時候可能就有些走樣。有時候人倒是因爲不完全，而變得生動。

這個人，因爲有著這些缺陷，不再是高高在上的畫中人物。或許，人也應該學得平和一些，學會理解每一種狀況。

當然，這個男人畢竟還是做錯了。不僅丟兵棄甲，還讓洋務派苦心經營的馬尾船廠毀於一旦。這場著名的「馬江之戰」使張佩綸一番建功立業的雄心成爲話柄。他遭到朝野上下的齊聲譴責，朝廷很快問罪下來，革職流放到黑龍江熱河。

東床快婿的不快樂

就是這樣一個政治生涯似乎已經走到頭的人，卻被李鴻章選爲東床快婿。李鴻章爲什麼會選張佩綸，是因爲政治原因？想做一個高姿態，不計前嫌，博取佳話？張佩綸曾經參過李鴻章驕奢罔上之罪。還是想網羅人才，眞正器重他的才幹？從李鴻章對朋友的言語中可見一斑：「幼樵以北學大師，作東方贅婿，……老年得此，深慊素懷。」

這個曾經激昂文字、指點江山的人，投於李鴻章門下。李在天津時，張就一直隨他在幕中。但這個明知打不過法軍還慷慨請戰，內心激揚澎湃的人，眞的能扮演好他幕僚的角色嗎？畢竟他們一清一濁，在政治上本來就存在分歧。

一九〇〇年，李鴻章與八國聯軍各國代表談判，因在對俄國的態度上與李鴻章意見不合，這個慷慨言事的書生拂袖而去。

同時他發現，雖然很多事情，李鴻章會諮詢他的意見，但是真正採納的很少。作爲一個男人，這才是讓人挫敗的。除了李鴻章，李家人喜歡他的本來就不多。這種不喜歡可能都是從李夫人那裡傳遞出來的。當時，張佩綸與李菊耦結婚前，李鴻章的老婆就不同意，不依不饒、大哭大鬧一場。李鴻章本來就是一個懼內之人，要不是李菊耦「慧眼識英雄」，表態「爹爹選的總不會錯」，這樁姻緣也不會成。

在這樣的環境下，一個男人是多麼壓抑。事業上沒有抱負，生活中又寄人籬下。

這樣的尷尬，才使得他居然會在李鴻章七十大壽的晚宴上，選擇沉默。在那個闔府歡慶的夜晚，就連宮裡都派人來賀壽，皇上和太后送來匾額賀禮。這個男人卻在自己房間裡，與李菊耦下了一天的棋。看似不把一切放在眼裡，強硬是做給別人看的，其實正是一個男人受傷的內心。

一八九四年七月，中、日在朝鮮交戰，李鴻章過繼的長子李經方主和，而張

佩綸主戰。這個大舅子李經方居然託人在皇上那裡參張佩綸「干預公事，不安本分」。

朝廷下的判決是要張佩綸立即搬出李家，不許逗留。李鴻章上折辯護無效。

你會怎麼看李鴻章？

原本我對李鴻章沒有什麼特殊感情，但當看了他對很多事情的態度、處理方式之後，覺得這個權傾一時、不可一世的人很多時候僅僅就是一個父親、一個長輩。而代表大清帝國簽訂的那些侮辱性的條約，實在是由不得他。說他「喪權辱國」，也太放大一個人的力量。

他赴英國訪問，把對方所贈名犬宰而烹之，還寫函「所賞珍味，感欣得沾奇珍，朵頤有幸」，一時傳爲笑柄。但我總覺得這是一個老人對無奈時局的應對。

一八九五年，他與日本首相伊藤博文簽訂《馬關條約》，次年，要赴俄國賀俄沙皇加冕並簽訂《中俄密約》。他與李經方坐船到日本換船，日方早在岸上爲他準備了行館，但他拒不上岸，夜宿船中，「誓終身不復履日地」。第二天，換乘的船駛來，需要先坐小船銜接，他得知小船是日方船，仍拒不登船。後來日方只好在兩船間架一飛梁，他才登梁換船，駛去俄國。這一年，他正好七十二歲。

李鴻章官至文華殿大學士，在朝四十餘年，無一日不在要津。一九〇一年七月，李鴻章與聯軍簽訂了此生最後一次乞和條約。他曾對郵傳部尚書盛宣懷說：「和約定，我必死。」九月七日，他逝於北京賢良寺寓所。這最後一次簽訂喪權辱國的條約，他以七十八歲高齡抱著必死的心情前往，其生命中背負的沉痛能不能企望得到芸芸衆生的瞭解和諒解？

《孽海花》裡面曾寫道在威毅伯（影射李鴻章）的臥房裡，莊侖樵（影射張佩綸）瞥見桌上一卷署著「祖玄女史弄筆」的詩稿，其中兩首議論中法戰爭的七律，最後一句是「功罪千秋付史評」。莊侖樵當下「不覺兩股熱淚骨碌碌地落了下來」。

我覺得這末一句「功罪千秋付史評」用在李鴻章的身上也不無貼切。

我寫人，總歸會喜愛上這個人。不知道這是幸還是不幸。因爲喜愛，才能感同身受。但喜愛，也會帶來落筆的厚道，或許會使人覺得經緯不明。

再說張佩綸。連李鴻章上折爲他辯護都無效時，他只好離開。帶著老婆去了南京，從此稱病不出，絕足官場。

空把凌雲志，化作賞月心

張愛玲《對照記》中收有幾張她祖父、祖母的照片。其中一張是她祖母十八歲時與其母的合影。老夫人臉部線條生硬，帶著大家族的那麼點冷酷和嚴肅。身後站立的女兒隱著笑，滿臉都是十八歲少女的嬌羞和憨態。還有一張婚後祖父、祖母的合影。

> 顯然是我姑姑剪貼成爲夫婦合影。各做茶几一邊，茶几一分爲二，中隔一道空白。祖父這邊是照相館的佈景，模糊的風景。祖母那邊的背景是雕花排門，想是自己家裡。

這張合影中，李菊耦就有點中年相。雖然發福，但臉部線條還是和諧。手握書一卷，或許只是擺拍（指特意擺出姿勢配合拍攝），但還是傳達了一種平心靜

氣、雍容安寧的境況。她的最後一張照片是寡居之後與兒女的合影，一看，就覺得緊巴巴的，不只是表情，就連內心也應該是緊巴巴的。

李菊耦使用得最得力的一個女僕，後來帶小時候的張愛玲。張愛玲叫她講點祖母的事情來聽。

> 她想了半天方道：「老太太那張總是想方（法）省草紙。」
>
> ……
>
> 我覺得大煞風景，但是也可以想像我祖母孀居後坐吃山空的恐懼。就沒想到不等到坐吃山空。命運就是這樣防不勝防，她的防禦又這樣微弱可憐。

孤兒寡母，不能不設防。但防不勝防的是，她從娘家帶來的那份豐厚的嫁妝，在自己兒子、女兒那一代，終於揮霍一空。就算是她的女兒——張愛玲的姑姑，雖然也是一個自食其力的新女性，但是，一輩子都逃脫不了變賣家產的慣

性。

《孽海花》裡面把張佩綸和李菊耦的婚姻，渲染成一段才子佳人的鴛鴦蝴蝶般情話。

不過，從張佩綸婚後的日記來看，他們的確享受了一段「詩酒唱隨，百般恩愛」的幸福日子。

雨中與菊耦閒談，日思塞上急雹枯坐時不禁憮然。

（一八八九年六月初八日）

合肥宴客以家釀與余、菊耦小酌，月影清圓，花香搖曳，酒亦微醺矣。

（一八九〇年元月十六日）

菊耦小有不適，煮藥，煮茶，賭，讀畫，聊以遣興。

（一八九〇年二月初五日）

菊耦蓄荷葉上露珠一甕，以洞庭湖雨煎之，葉香名色（指美人）湯法露英

（即花）四美具矣。蘭駢館小坐，遂至夕照銜山時，管（指筆）書未及校注也。

（一八九一年六月二十二日）

此情此景讓人想起李清照和趙明誠的「翻書賭茶」，眞如神仙美眷一般。

《孽海花》這樣描述李菊耦：

貌比威、施，才同班、左，賢如鮑、孟，巧奪靈、芸。

雖然張愛玲的姑姑說：

爺爺奶奶唱和的詩集都是爺爺作的。奶奶就只有一首集句是她自己作的：四十明朝過，猶爲世網縈（仍然被世俗的密網纏繞）。蹉跎暮容色，煊赫舊家聲。

我想李菊耦的好，不僅在於她的賢慧和才情。李鴻章一直把她留於身邊代看公文，耳濡目染，她肯定不是一個大門不出、二門不邁、思想局限的老小姐。長年在父親身邊，加上自己聰慧，李菊耦深諳政治運作的祕密。

她在給父親的家信中曾提到盛宣懷與兩江總督劉坤一、湖廣總督張之洞之間勾結串通。還指出張之洞在內部討論求和方案時常常空發高論。

> 明知事甚棘手，即竭其才智，豈能辦到好處？無非巧爲播弄，以見其心思精密，高出全權（按指全權大臣奕劻、李鴻章）之上，落得置身事外，以大言結主，知收清議而已。

有其父必有其女。

也只有這樣的一個女人，才能和大才子張佩綸一起唱和。她不僅能溫柔地吟詩煮茶讀畫，或許還能一雙慧眼洞察這個男人的內心。她在細微瑣碎的日常生活裡，正試圖一點一滴地溫暖他的內心。在這個男人失落的世界裡面，李菊耦是他

唯一的安慰。

南京的這座宅子，當年花木繁盛，幽靜雅致。張愛玲在《對照記》裡面說，「我姑姑對於過去就只留戀那園子。她記得一聽說桃花或是杏花開了，她母親就扶著女傭的肩膀去看。」

簡短的一句話，卻讓人浮想聯翩。想著在桃紅杏白的春天，李菊耦尖著小腳扶著女傭的肩膀，嫣然百媚地走在彎曲深幽的小徑上。那時，她是那麼的快樂自得。不僅有一雙兒女，還有美滿的婚姻。夫妻伉儷，感情尤篤，吟詠之樂，甚於畫眉。這樣的園子，這樣的女人，眞讓人覺得幸福。現世安穩，夫復何求？

張佩綸和李菊耦還合寫了本食譜和武俠小說。雖然在張愛玲看來食譜乏善可陳，武俠小說「沉悶得連我都看不下去」。但在舊式婚姻裡，能這樣「你敬我愛」、琴瑟相知，實屬難得。

孑然孤立，一無倚著

可是，我終究覺得張佩綸並沒有在這段美滿姻緣中快樂起來。這個當年叱吒風雲的男人，眞的甘心離群索居，退於自己的園子裡「詩酒風流」嗎？

或許這個男人本應該以事業爲生命，完美的家庭生活只是豔麗的點綴，可是卻不得不在自己的園子裡關門做太爺。這個男人的心裡，一定是痛的。

曾幾何時，清流一派被人喻爲「青牛」時，張之洞與張佩綸分列爲「青牛」的兩隻牛角。兩人平起平坐，風光得意。沒想到事隔二十年，張之洞代理兩江總督，駐節南京。而張佩綸卻宦海潦倒，退居南京。

兩人在張佩綸的宅子裡，見面了。這次會面日後張之洞是這樣回憶的：「就談身世，君累欷不已。」

杜甫曾經寫過「同學少年多不賤，五陵衣馬自輕肥」，似乎可以用在二張的

會面上。這次會面是殘忍的。一個對照了對方的飛黃騰達，一個對照了對方的落魄寂寥。

《對照記》中只有一張張佩綸的照片。從年齡推斷，應該是南京時期所拍。照片上的人似乎很茫然，鬱鬱寡歡。他曾嘆自己「孑然孤立，一無倚著，清流以爲淮戚而疏亡，淮戚又以清流而遠之，清流不成清流，淮戚不成淮戚。」在他慘澹的後半部政治生涯中，他始終沒有找到自己的位置，只能在湍急的歷史長河中，任自己的命運觸礁而沉淪。白白空有一腔抱負，卻只能在自己的庭院裡看著巴掌大的天。

其實遠離政治中心的張佩綸依然關心著政治。張佩綸曾作二千餘字長信反對李鴻章去日本簽訂《馬關條約》。作爲政治上的失意者，他熟悉官場的世態炎涼；作爲女婿，他更關注此事對李鴻章的歷史影響，所以引曾國藩處理天津教案之例進行比較：

曾文正于豐大業（指法國駐天津領事）一案所云：內疚神明，外慚清議。今之倭約，視法約何如？非設法自救，即疚慚不能解，而況不疚不慚？蕢（指張佩綸，號蕢（ㄎㄨㄟˋ）齋）恐續假譁然，銷假譁然，回任更譁然，將終其身爲天下譁然之一人耳。此數紙，蕢中夜推枕濡淚寫之，非惟有淚，亦恐有血；非惟蕢之血，亦有鞠耦（指李菊耦）之血；非惟蕢夫婦之血，亦恐有普天下志士仁人之血。希公審察之，毋自誤也。

這幾句話一針見血，寫得極爲沉痛。每一句都堅貞有力，激情澎湃。這是這個男人晚年最後一次「直聲」。雖然李鴻章也知道，日本之行必使自己一生名節毀滅。似乎與以前一樣，張佩綸的言論仍然不能影響李鴻章。其實不是不能影響李鴻章，而是在殘酷的歷史面前個人實在渺小。

在李鴻章心力交瘁去世後，張佩綸更加縱酒。

一九〇一年李菊耦失去父親李鴻章，一九〇二年失去兄弟，一九〇三年失去丈夫張佩綸。一九一二年李菊耦因肺疾在上海去世。留下一個兒子十六歲，一個女兒十一歲。

2 愛恨遲遲

一九三〇年末葉黃素瓊在海船上。

黃素瓊喜歡身子略往前傾的姿勢，眼睛看起人來不知道是不是因爲近視，總是一往情深似的瞄著人。

張愛玲這樣形容她的母親：她的衣服是秋天的落葉的淡赭，肩上垂著淡赭的花球，永遠有飄墮的姿勢。

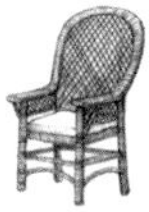

人生若只如初見

提到張愛玲的上海，總讓人聯想起百樂門；霞飛路上的國泰電影院、逸園跑狗場、偉達飯店；南京路上的飛達咖啡館、朵雲軒、愛斯頭、桃花賽璐璐梳、綠豆糕，還有那「克林克賴」的電車鈴聲。

《沉香屑：第一爐香》開頭就這麼寫：

> 請你尋出家傳的黴綠斑駁的銅香爐，點上一爐沉香屑，……您這一爐沉香屑點完了，我的故事也該完了。

如果說，在沉香屑撩鼻、古舊的青煙中聽第二次世界大戰前香港的故事，那麼今天我說的這個故事應該就著咖啡聽！

請您隨便在哪個街角一拐，拈個咖啡店坐下來，點一杯清咖啡。隨著杯中熱

氣嫋嫋升起，讓我說一段二十世紀二〇年代上海的故事。只是，這個故事與咖啡一樣，有點苦。

撥開歷史的塵埃，穿梭於時光的流年，回到一九一五年。

十九歲的張御史（古代執掌糾察彈核的官員，叫「御史」）的少爺——張志沂、黃軍門（清朝尊稱提督爲「軍門」，爲執掌一省的軍政）的小姐——黃素瓊，喜結良緣。兩人門當戶對，男才女貌，是人人稱羨的一對金童玉女。

五年後，一九二〇年九月，生下大女兒——張愛玲。次年十二月，生下兒子——張子靜。

僅看表面，這完全可以稱爲「幸福的一家子」。但當時代的車輪滾滾向前時，渺小的家庭和個人，在急劇變革的時代，在各種思想的突變中，打破了原有的一成不變的慣性，或一廂情願或心有不甘地走上各自的命運。

正如張愛玲所說：

個人即使等得及，時代是倉促的，已經在破壞中，還有更大的破壞要來。

當時，張志沂一家，一直與他二哥同住。這位張愛玲稱爲二伯父的男子，是她祖父張佩綸的第一任妻子所生。整整大張志沂十七歲。長兄如父。在封建家庭中，這是一條不變的定律。何況，他們的父親母親早逝，張志沂和同父母的妹妹張茂淵一直跟著哥哥嫂子過日子。連他們母親李菊耦去世後所分財產，也由哥嫂保管。

《對照記》裡面有一張兄妹三人的合影。用張愛玲的話來說：這哪像什麼兄妹，簡直像父子仨（ㄙㄚ，指三個）。

張志沂的二哥不苟言笑、圓頭圓腦、壯實嚴肅。而張志沂長瘦清癯（ㄑㄩˊ）、生性風流。風流倒不見得就是作風不好的代名詞，而是這位從小飽讀詩書，又通英文的舊式才子的書生意氣。這樣的人，在兄長名下求生活，自然拘

謹難挨。

張志沂一直找不到藉口分家，搬出去過小家庭的生活。後來，他託在北洋政府做交通部總長的堂房伯父引薦，終於在津浦鐵路局謀了個差事——英文祕書。就這樣，張志沂順理成章地分了家。

一九二三年，張志沂舉家，帶著自己的妹妹，由上海搬到天津。

還有更大的破壞要來

這是「五四」運動之後的中國，西方思想在晚清尤其甲午戰爭之後大量傳入並影響年輕一族，這場聲勢浩大的新文化運動，使遺老遺少安逸、舒緩、陳舊的傳統生活方式受到致命的打擊。

現世亂得一派熱鬧。南邊在北伐，象徵禮樂王綱封建中國的最後一位皇帝溥儀就要被馮玉祥的大炮轟出紫禁城了。這邊，在上海法租界貝勒路樹德里三號，中國共產黨第一次全國代表大會就要召開了。

天下大亂。新的變革、新的制度、新的思想，與舊的世界衝撞、對抗。張公館還能「重門深掩，簾幕低垂」嗎？

到了天津，張志沂信馬由韁（騎著馬不拉韁繩，任馬行走。比喻沒有目標的行動），自由放蕩，難以收心。這是在長兄的嚴治下的過度反彈，也是這些仰賴

祖上餘蔭的舊式家族滿清遺少的思想境界。他們不自力更生，反而以出外謀生爲恥。

百足之蟲死而不僵，舊制度的分崩離析一時還沒有打破日常生活的平靜，這些早先的望族表面上仍然可以維持往昔的生活格局，闊綽的排場、優越的物質生活、對富貴奢侈的攀比追求。

張愛玲對小時候在天津的記憶是「橙紅色的歲月」。家是一棟帶花園的大房子，有汽車有司機，傭人一大幫，張愛玲和弟弟都有專屬的保母帶。

父母融洽、家庭富足，這樣的童年是快樂的。被喚作「疤ㄚㄚ」的ㄚ頭和她在院裡玩。疤ㄚㄚ秋千盪到最高處，忽地翻了過去，很好玩。後院天井處養著雞，夏天的中午，穿著白底小紅桃紗短衫、大紅褲子，坐在小板凳上，喝完滿滿一小碗淡綠色、澀而微甜的六一散（一種消暑茶飲），一邊翻看一邊念著謎語兒歌：

小小狗，走一步，咬一口。

與弟弟在一起的遊戲，更是開心快樂。

一同玩的時候，總是我出主意。我們是「金家莊」上能征慣戰的驍將，我叫月紅，他叫杏紅，我使一口寶劍，他使兩隻銅鍾，還有許許多多虛擬的夥伴。開幕的時候永遠是黃昏，金大媽在公眾的廚房裡咚咚切菜，大家飽餐戰飯，趁著月色翻過山頭去攻打蠻人。路上偶爾殺兩頭老虎，劫得老虎蛋，那是巴閂大的錦毛毬，剖開來像白煮雞蛋，可是蛋黃是圓的。我弟弟常常不聽我的調派，因而爭吵起來。他是「既不能命，又不受令」的，然而他實在是秀美可愛，有時候我也讓他編個故事：一個旅行的人為老虎追趕著，趕著，趕著，潑風似的跑，後頭嗚嗚趕著？沒等他說完，我已經笑倒了，在他的腮上吻一下，把他當個小玩意。

所幸張愛玲把這一切都記錄在《私語》裡，使我們能看到一個活潑開朗、充滿童趣的小女孩，且生活得幸福愉快。看到這樣一個快樂可愛、臉肉嘟嘟的、聰明伶俐的小女孩，日後卻要遭受種種磨難，以及後來形成越來越孤絕的性格，眞讓人心疼。環境、社會，特別是父母、家庭，對一個孩子的心理成長至關重要。每個小孩子生下來都是快樂的天使，可是卻要被生活磨礪，被自己父母或好或不好的個性影響，成人後，如果不快樂，不幸福，眞是父母的罪過。

可惜，在這樣的暖色（給人溫暖感覺的色彩，如：紅、橙。此比喻溫馨、幸福）裡，母親卻要走了。

張志沂到天津後，結識一幫酒肉朋友，染上遺老遺少間的不良風氣——養姨太太、吸大煙、逛窯子、賭錢。

一個傳統的舊式妻子對舊式男人的這些不良風氣，雖心不情願，卻只能容忍不置一詞。但是，黃軍門的小姐——黃素瓊，對丈夫的墮落卻不能容忍。

這個湖南女子勇敢地反對自己的丈夫，言詞激烈。而張志沂雖然以新派人物自居，觀念上卻還是傳統老爺作風，哪受得了爲妻的「指手畫腳」。兩個人之間的矛盾（泛指互相排斥）日益激化。

當爭吵不管用時，黃素瓊選擇了出國離家。

照張子靜的回憶來說：

我姑姑也是新派女性，站在我母親這一邊。後來發現兩個女人的發言對一個男人並不產生效力，她們就相偕離家出走以示抗議——名義上好聽一點，是說出國留學。

這個抗議裡面，還有逃離。

張府裡沉悶的鴉片煙味，是不適合這個果敢、堅決的女性的。

作爲母親，黃素瓊失敗了

一九二四年，黃素瓊赴歐。

接下來的二十四年裡，她屢次出國，直到一九四八年離開中國，再也沒有返回。如果說第一次出走是被迫，有著娜拉的味道，那麼後面的離家出國卻是依循自己的內心，尋找自己的方向。

一個人走得太遠，會不會忘記自己的初衷，找不到計畫中的軌跡？黃素瓊折騰了這麼幾十年，最後還是一個人終了在倫敦。臨終前，她給張愛玲寫了最後一封信，想見一見。但是，張愛玲沒有回信。

《小團圓》中藉楚娣（影射張愛玲的姑姑）的口，這麼描述黃素瓊的一生：

> 倒像那「流浪的猶太人」，被罰永遠流浪不得休息的神話人物。

我腦海中，總有一幅黃素瓊深鼻凹眼、嘴角抿成堅毅弧線的形象。

這個小腳女人，踏著一雙三寸金蓮橫跨兩個時代。她穿的皮鞋都是訂製的，小得像童話人物的袖珍舞鞋，鞋尖還得塞好多棉花。她不僅遊走歐洲，還能在瑞士阿爾卑斯山滑雪。阿爾卑斯山脈的晴空下，灑下了她多少清脆嬌媚的笑聲？或許黃素瓊就是不服輸，人家做得的事情，自己也能做，還做得比別人好。

黃素瓊還是一個「學校控」。她從小受到的是私塾教育，從來沒有進過學校。心裡面，她對學校萬分著迷。在歐洲進過美術學校，一九四八年還在馬來西亞僑校教過半年書。包括後來，她支持張愛玲讀書、留洋，很大程度上是自己夢想的一種延伸。

她還畫油畫，跟徐悲鴻、蔣碧薇、常書鴻等都熟識。

為了學會裁製皮革，她在英國一度下廠做女工製作皮包。「珍珠港事變」後，她從新加坡逃難到印度，曾經做過尼赫魯的兩個姐姐的祕書。

黃素瓊的計畫似乎並沒有成功。她有幸生於這個時代，能放下兒女、丈夫奔赴遙遠的國度追求自己的夢想；她又不幸生於這個時代，戰火、變革，時代的不徹底使她終究也不能那麼徹底。一個失敗的人，要麼是晚了一步，要麼是早了一步。

她不幸早了二三十年。

這個女人的確勇敢堅毅，但於兒女，卻少了溫情和柔和。她對張愛玲姐弟的態度，顯得刻板生硬，少了點母性，更像是老師嚴厲的說教。

從小她就注意他們的飲食，卻儼然是一個科學家的科學準則。她像「拐賣人口一樣」送張愛玲去讀書，更多的也僅僅是注重自己的感受。連自己的兒子抱著一雙報紙包裹的球鞋來投奔自己，眨巴著潮溼的大眼睛乞求母親收留時，黃素瓊也只是冷靜地對兒子說她不能收留他，因爲已經收留了他的姐姐，經濟上吃不消。換作其他母親，早抱著受委屈的兒子痛哭了。

其實，她在國內排場不小，後面幾十年她一直在賣古董，身後還留有一箱古董。我猜想，當年多撫養一個孩子也不見得經濟上眞的吃不消。

這個從封建大家庭走出來的女人，受到新文明的洗禮，她更嚮往那種自由自在的生活。包括她喜歡藝術，喜歡學校，說外語，結識文藝人士，在歐洲大陸行走，都是一種浪漫華麗的姿態。

讓這種人爲兒女犧牲，不太容易。

就連收留女兒，黃素瓊也一直在用審視的眼光觀察張愛玲，始終在權衡自己爲女兒的這種付出值不值得。結果，張愛玲和她相處也越來越彆扭。

> 問母親要錢，起初是親切有味的事……可是後來，在她的窘境中三天兩天伸手向她拿錢，爲她的脾氣磨難著，爲自己的忘恩負義磨難著，那些瑣碎的難堪，一點點地毀了我的愛。

黃素瓊母性的淡漠，在很大程度上是由於性情的索然寡味。她屬於那種感情

被定型成生硬的條條框框的人。從她一本正經地告訴張愛玲如何做「淑女」的刻板細則，到她照本宣科般告訴兒子女兒吃什麼營養，都只是嚴師的嘮叨。嘮叨也罷，關鍵還是她執著於自己的標準，沒有內省的能力和習慣。她從來沒有考慮過自己的這一套到底對孩子們有多大的益處，對孩子們到底是不是合適；也從來沒有站在他們的角度去體諒他們的苦衷。她只是一個對姿態比對內心的感受更感興趣的女人。

其結果是，她那一套生硬刻板的「淑女」標準，兩年的培訓計畫，徹底失敗。對這一件事，張愛玲事後回憶「除了使我思想失去均衡之外，我母親的沉痛警告沒有給我任何的影響」。

一九四七年，黃素瓊又從國外回到上海，她差不多有十幾年沒有和兒子見面了。這次，她邀請兒子去吃午飯。飯前，詢問了兒子要吃多少飯，喜歡吃些什麼菜，這樣她好準備。

黃素瓊的這些詢問，很像是母親對兒子的關懷。可惜，本性難移，這些到頭來還是落腳於她刻板的科學理論。

吃飯的時候，她一直注意我吃的飯量和愛吃的菜是否符合我對她講的。她還不時問我工作的情況，教導我應當怎樣對待上司和同事。這頓飯無疑是上了一堂教育課，自始至終我總是戰戰兢兢回答她的提問，以及唯唯稱是地聽著她的教導。

一場母子團聚的溫馨會面，又被她的說教搞砸了。

從張愛玲的文章和張子靜的回憶錄中，從來沒有看到這位母親詢問過兒女們是否快樂、是否幸福。而這些，本應是母親最常見的關懷。

這樣一位對自然的情感幾乎沒有體驗能力的母親，言傳身教般讓兩個兒女在什麼是愛、如何表達愛這個問題上，也缺乏應有的能力。張愛玲日後離群索居，張子靜終身未娶，都是缺乏愛的能力的表現。

黃素瓊作爲一位母親實在是太失敗了。

「不愛」比「愛」更難

相比於母親這一方面的刻板，父親對兒時的張愛玲卻有更多的溫情。在與黃素瓊離婚至再婚的三、四年間，是他與兒女最親近的一段美好時光。張愛玲放學回家後，多是在他的書房看書，與父親閒談自己對某一本小說的看法。父親細心聽著，不時交換自己的意見。他們不僅談《紅樓夢》，還談時下小報上的內容。可以說，父親張志沂是張愛玲文學啓蒙的老師。最關鍵的是，在文學啓蒙的道路上，不僅需要知識的啓蒙，還需要有人欣賞和懂得。張志沂無疑扮演了一個重要角色。可以說，正因爲有了他早期對張愛玲的肯定，才使得張愛玲成爲一位作家而不是被她母親改造成一位「淑女」。

那時，張志沂對張愛玲的成績，是得意驕傲的。家裡來了人，他都要把張愛玲寫的舊詩讀出來讓來客欣賞。張愛玲十四歲寫的習作《摩登紅樓夢》，回目就是張志沂擬定的。

成年出國之後，有一次在多倫多街上看櫥窗，張愛玲忽然看見久違了的香腸卷——其實並沒有香腸，不過是一隻酥皮小筒塞肉，她在《談吃與畫餅充饑》中寫道：不禁想起小時候父親帶我到飛達咖啡館去買小蛋糕的情景。那時她的父親總是買香腸卷。

這樣的瑣碎小事，完好地封存在她的記憶裡，文字寫到這裡都是溫暖和懷念。

《小團圓》裡，乃德對蕊秋一直帶著脈脈溫情，就算離婚後對蕊秋也是有感情的。嘴裡念出「蕊秋」兩個字是那麼的溫柔。雖然《小團圓》是本小說，連圖書版權頁上的分類也說得很清楚，「長篇小說—中國—現代」，但仍有不少人把《小團圓》當成張愛玲的自傳來看。乃德指的就是張志沂，蕊秋是黃素瓊無疑。

其實張志沂從來就不是一個壞人，他只是失落於時代的節拍，固守自己的天地。

自一九二七年出國，黃素瓊一去就是四年。儘管是新文化運動之後，舊式家庭也有所鬆動，但是一個有著兩個兒女的女人，能從這樣的大家族中出走，是不是也有著張志沂愛的隱約支持呢？黃素瓊強硬勇敢的背後，是不是有著張志沂寵愛的遷就？

期間他給黃素瓊寄去的照片中還題有一首七絕，末兩句是「書生自愧擁書城，兩字平安報與卿」。張志沂一直催促她回來，姨太太走了，也答應戒毒。

一九二七年一月，張志沂在津浦鐵路局失去靠山，離職。次年春天，舉家搬往上海，專等黃素瓊回國。

一九二八年，是一個動盪的年代。四月七日，蔣介石在徐州誓師北伐。五月四日，奉軍首領張作霖在瀋陽附近被日軍炸死。七月十八日，中國共產黨第六次全國代表大會在莫斯科舉行。七月二十一日，全國反日大會在上海召開。七月二十八日，中國代表出席在荷蘭舉行的第九屆奧運會開幕式。十一月一日，中華國貨展覽會在上海隆重開幕，中央銀行在上海成立。十二月末，張學良繼任奉系

首領並宣布東三省易幟，換掛青天白日旗。

這一年，張愛玲八歲。她們家浩浩蕩蕩地搬回上海，坐船走海路。

一直覺得大海與張愛玲有著很密切的聯繫，當年她坐船到香港，後來到日本、到美國，一道深深的海域，把她隔了個十萬八千里。而大海的寬漠、疏離，還眞的有點像張愛玲。

起先在上海的家是中等人家常住的那種很小的石庫門房子，紅油壁板，比天津的寬宅大院小氣多了。但是張愛玲卻很開心，沉浸在小孩子對於搬家、換新環境的莫名興奮中。連帶著油漆犯沖味兒的壁板，在她眼裡，「那也是有一種緊緊的朱紅的快樂」。

很快一團高興蒙上了一層陰影——父親嗜毒成癮，打了過度的嗎啡，離死不遠了。

他獨自坐在陽臺上，頸上搭著一塊溼毛巾，兩眼直視，簷前掛下了牛筋

繩索那樣的粗而白的雨。嘩嘩下著雨，聽不清他嘴裡喃喃說些什麼，我很害怕了。

在這樣一個陰冷、孤寂的雨天，年幼的張愛玲看到的是牛筋繩索那樣粗而白的雨。看著頹廢、了無生氣、奄奄一息的父親，聽著雨打屋頂，家裡昏暗不見天日，空氣中彌漫著死亡的氣息。

從美的巔峰摔下來

就在父親命將不保之際，母親和姑姑終於回來了。她們把張志沂送到醫院戒毒。家，明亮起來。

黃素瓊，這位美麗的西洋化美人，似乎把另一種光明、溫潤的生活方式帶回來了。她大刀闊斧，家，按照她的想法變成了暖色調。

她們搬到陝西南路的寶隆花園，是一棟歐式洋房，一共四層。屋頂尖尖的，門前有花園。

張愛玲和弟弟在樓梯間跑上跑下，興奮尖叫。家裡不僅有壁爐，有童話書，還多了很多「蘊藉華美」的朋友。有人唱歌，有人彈琴。

黃素瓊與一位胖阿姨肩並肩坐在鋼琴凳上，模仿一齣電影裡的戀愛表演，張愛玲笑倒在狼皮褥子上滾來滾去。

一切都是美的巔峰。藍色椅套配著玫瑰紅的地毯，眞是明豔豔啊！張愛玲由

衷地喜歡，連帶也喜歡英國。因爲「英格蘭」三個字代表母親的來處，總使她聯想起那異國藍天下的紅色房子。一切都如同童話一般。儘管母親告訴她，英國天氣並不好，總是下雨、陰暗、潮溼，然而她沒法矯正自己的印象。因爲一切都是這麼溫暖，看著一切都覺得好。

有段時間，黃素瓊學唱歌。

> 我母親學唱，純粹因爲肺弱，醫生告訴她唱歌于肺有益。無論什麼調子，由她唱出來都有點像吟詩（她常常用拖長了的湖南腔背誦唐詩）。而且她的發音一來就比鋼琴低半個音階，但是她總是抱歉地笑起來，有許多嬌媚的解釋。

張愛玲筆下對於母親常有三分調侃的口吻，說她是「學校迷」，「純是夢想與羨慕別人」。在歐洲進的美術學校，張愛玲也給她顚覆了——「太自由散漫不算」。這是張愛玲「一身俗骨」在向黃素瓊的「小資情懷」叫板（用言語向對方

挑釁）。這樣一個張愛玲是不會被培養成另一個黃素瓊的。

想著黃素瓊嬌媚地笑著爲自己辯解，有點任性地追逐自己的夢想，這些都不失爲這個美婦人的可愛。張志沂一直對她留有溫情，或許也是愛她的這些可愛姿態。

她的衣服是秋天的落葉的淡赭，肩上垂著淡赭的花球，永遠有飄墮的姿勢。

這段時間，張愛玲過著明媚的生活。一切都是母親的方式。學英文、彈鋼琴、看電影、聽音樂會，完全是一個西式淑女的風範。就連看到書裡面夾的一朵花，聽母親講起它的歷史，也會落下淚來。母親向弟弟表揚她：「你看，姐姐可不是爲了吃不到糖而哭的。」張愛玲不好意思地低下頭，心裡面卻飄飄然。還有什麼比母親的肯定更讓孩子覺得溫暖幸福的？

好景不長，沒過多久，父親母親又開始吵架。

> 他們劇烈的爭吵著，嚇慌了的僕人們把小孩拉了出去，叫我們乖一點，少管閒事。我和弟弟在陽臺上靜靜騎著三輪的小腳踏車，兩人都不作聲，晚春的陽臺上，掛著綠竹簾子，滿地密條的陽光。

有時候，樓上突然傳來兩人的爭吵聲，偶爾還夾雜著黃素瓊的哭聲和不知是誰摔破東西的聲音。兩個小孩正在院子裡面跟狼狗玩，這時只得靜靜地怔忡著。其實張志沂不肯拿錢出來養家，動機是想把妻子的錢花光後好把她拴在家裡面。

不知道這算不算愛得自私。

黃素瓊自然明白這層用意。家不復柔和。當年張志沂兄妹一直依傍著同父異母的兄嫂生活，金錢的約束讓他很長一段時間得不到自由。現在，他想用同樣的

方法來對待黃素瓊。當年他自己都想方設法要離開兄嫂，何況是出國留洋，已品嘗到獨立甜頭的黃素瓊。這個勇敢的小腳女人，一紙離婚書，解除了自己的婚姻。

據說，辦離婚手續時，張志沂繞室徘徊，猶豫不決。幾次拿起筆要簽字，長嘆一聲又把筆放回桌上。律師見狀，問黃素瓊是否要改變心意。黃素瓊低著頭說：「我的心已經像一塊木頭。」

不知道當年黃素瓊這麼說時，心裡面有沒有百轉千迴。與張志沂年少相逢，共度了青春浪漫的時光。在當年天津的家，有一張照片，是他們夫妻二人與幾位親戚朋友在花園裡品茗聊天。張志沂臉龐清秀，黃素瓊翹著蘭花指正在倒茶，臉上隱著笑。夫妻兩人看起來很默契、很幸福。

每一個婚姻都有一個幸福的開始。

愛卻不能完整如初。

一九三〇年，張志沂、黃素瓊離婚。一九五三年，張志沂在上海病逝，享年五十七歲。一九五七年，黃素瓊在英國病逝，享年六十一歲。

黃素瓊的遺物中有一張張志沂的照片，背後題有四句：

才聽津門（金甲鳴）
又聞塞上鼓鼙聲
書生自愧擁書城
兩字平安報與卿

3

天津的依戀，上海的決裂

……《心碎的屋》，是父親當初買的。空白上留有他的英文題識：

天津、華北，1926。32號路61號。　提摩太・C・張。

我向來覺得在書上鄭重地留下姓氏，注明年月，地址，是近于囉嗦無聊，但是新近發現這本書上的幾行字，卻很喜歡，因爲有一種春日遲遲的空氣，像我們在天津的家。

原來也是「天津衛」

一九二三年，張愛玲二十七歲的父親結束依傍兄嫂的生活，自立門戶，帶著一大家子由上海搬往天津。

家在睦南道上。這條不寬的馬路整潔幽靜，馬路牙子（物體周圍雕花的裝飾或突出的部分，稱「牙子」）上是成行的槐樹。一棟棟歐洲風情的小洋樓坐落在路兩邊。樓是那種小小的獨門獨院的紅頂小樓，樹也沒有往高裡長，而是長到院子圍牆那麼高時，就四下蔓延開來。路也不寬，道旁的座椅也小得可愛，沒有人坐卻很乾淨，有著欲說還休的味道。恍然間，像走進了童話裡安逸的場景。

常說「物以類聚，人以群分」。張志沂選擇在睦南道上安家，肯定是有講究的。張家的親戚大多住在這附近。據今天的統計，這條兩公里多點長的馬路上，留下各類風貌建築七十四棟，名人故居二十二處，市文物保護單位四處。民國大總統徐世昌住在這裡，張學良的二弟張學銘先生住在這裡，中國近代外交家顏惠

慶先生住在這裡，天津八大家「李善人」的後代住在這裡……

張愛玲和弟弟常在花園裡唱歌、盪秋千、追逐大白鵝。這個階段，他們生活在成群的僕人之間，常由僕人抱著走親訪友，開始熟悉親友往還、節日慶弔這些傳統禮儀。張愛玲的母親和姑姑出國後，親友們常輪流來看張愛玲姐弟兩人。

在「二大爺」家，永遠有一個高大的老人坐在藤躺椅上。

我叫聲「二大爺」。

「認多少字啦？」他總是問。再沒第二句話。然後就是「背個詩我聽。」

「再背個。」

還是我母親在家的時候教我的幾首唐詩，有些字不認識，就只背誦字音。他每次聽到「商女不知亡國恨，隔江猶唱後庭花」就流淚。

他五十幾歲的瘦小的媳婦小腳伶仃站在房門口伺候。他問了聲「有什麼吃的？」她回說「有包子，有合子（類似餡餅的一種食品）。」他點點頭，

叫我「去玩去」。

多年後，張愛玲才恍惚聽見說「二大爺」是最後一個兩江總督張人駿。

天津這麼多的親戚朋友、禮節走動，小小的心靈應該充分滿足。生活的豐滿容易讓小孩子體會到幸福。天津的這段時光是張愛玲的「橙色歲月」。

稍大一點，家裡爲她和弟弟請來了私塾老師。這是她受教育的開始。她還記得那時天天在傍晚的窗前搖擺著身子背書。有一段時間，常爲背不出書而苦惱。甚至除夕之夜還用功背書，以致保母怕她熬夜辛苦，沒有照她的吩咐早早喊她起來迎新年，第二天她醒來時鞭炮已經放過了。

我覺得一切的繁華都已經成了過去，我沒有份了，躺在床上哭了又哭，不肯起來，最後被拉了起來，坐在小籐椅上，人家替我穿上新鞋的時候，還是哭——即使穿上新鞋也趕不上。

爲什麼命運的惘惘（失意迷惘的樣子）威脅一直縈繞在張愛玲的身上呢？長大一點，她帶著喜悅地急著喊：「出名要趁早啊！來得太晚的話，快樂也不那麼痛快。」「所以更加要催：快，快，遲了來不及了，來不及了！」「如果我最常用的字是『荒涼』，那是因爲思想背景裡有這惘惘的威脅。」

在張愛玲的散文和小說裡，這樣的想法、這樣的句子，比比皆是。她思想背景裡的「惘惘的威脅」，已經成爲她生命的底色。凡事都覺得來不及。就連她在父親的鼓勵下學做的古體詩「聲如羯鼓催花發，帶雨蓮開第一枝」也帶著倉促的語氣。

來不及了！來不及了！一切都在時代的劇烈變遷中沒有安全感，就連曾經榮耀繁華的家，也江河日下一日不如一日。父親的家、母親的家、親戚們的家，都在時代的車輪裡分崩離析，破損不堪。敏感的張愛玲，體會到時代的危險，看到命運的殘忍。可惜的是，她不知不覺中把這「惘惘的威脅」當成了自己命運的底子。

就連三十多年後，她在羅湖口岸轉身離開，再也沒有回來，也是那麼的急

促。後來在美國寫稿，幾近隱居，有一個原因就是她覺得時間不夠用了，得快點抓緊這轉瞬即逝的剎那。

在惘惘的命運一觸即發之前，讓我們還是把鏡頭回到老天津衛吧。二十世紀二、三十年代的天津，儼然是京城的後花園。一九一九年後的北京，已不復是那些遺老遺少的溫暖之地，他們紛紛搬到天津，把前朝的作風一併帶了過來。當北京如火如荼地反封反帝時，天津卻暫時安逸。

坐著黃包車前行在和平路、勸業場、維多利亞大道上，眼前是高大厚實的歐式建築；耳邊是跑馬場裡喧沸的人聲，旌旗獵獵（形容隨風飄拂的樣子）；街頭有各色小吃，煎餅餜（ㄍㄨㄛˇ）子、鍋巴菜、大紅糖堆兒（即糖葫蘆），再叫上一碗老豆腐，看著龍嘴茶壺倒出優美的滾水弧線……

外面的世界是這樣的愜意，年幼的張愛玲有沒有拉著父親張志沂的手，買上過一串糖堆兒呢？

蕭伯納的劇本小說：《心碎的屋》（Heartbreak House），是我父親當初買的，空白上留有他的英文題識：天津、華北，1926。32號路61號，提摩太．C．張。

這短短一句話，讓人回味。似乎這蕭伯納的戲、英文的題識、「提摩太」三個字才能契合天津的味道。

一直覺得每個城市都有著獨特的味道。天津適合懷舊，懷舊中有點慵懶，慵懶中帶著洋氣，洋氣裡面似乎又有著最民風的東西。

我向來覺得在書上鄭重地留下姓氏，注明年月，地址，是近于囉唆無聊，但是新近發現這本書上的幾行字，卻很喜歡，因爲有一種春日遲遲的空氣，像我們在天津的家。

我記得每天早上女傭把我抱到母親床上去，是銅床，我爬在方格子青錦被上，跟著她不知所云地背唐詩……

……姨奶奶搬了進來。家裡很熱鬧，時常有宴會，叫條子（指叫妓女陪客）。我躲在簾子背後偷看，尤其注意同坐在一張沙發椅上的十六七歲的兩姐妹，披著前劉海，穿著一樣的玉色襖褲，雪白地依偎著，像生在一起似的。

……（姨奶奶）每天帶我到起士林去看跳舞。我坐在桌子邊，面前的蛋糕上的白奶油高其眉毛，然而我把那一塊全吃了，在那微紅的黃昏裡漸漸盹著，照例到三四點鐘，背在傭人身上背回家。

松子糖裝在金耳的小花瓷罐裡。旁邊有黃紅的蟠桃式瓷缸，裡面是痱子粉。下午的陽光照到磨白了的舊梳粧檯上……

這就是天津那個家——華麗、溫暖，帶著牛奶泡沫般精巧纖細的風致。浸淫在這種生活方式特有的舒適、悠閒、慵懶中，耳濡目染、感官敏銳，容易造就纖

巧精緻的趣味。

張愛玲敏銳地捕捉到了這日常中的美，從細節處發現鮮明生動的光亮，獲得愉悅的審美。不誇張地說，這些也是成就張愛玲的一個重要條件。

她母親前腳出國，姨奶奶後腳就進門了。堂子（舊時妓院的別稱）裡面的女人自會看事，對這個張家大小姐極盡敷衍、拉攏。因為，張愛玲的父親器重這個女兒。

姨奶奶帶著她去起士林看跳舞、吃奶油蛋糕，還給她做好看的新衣服。這使得幼年的張愛玲有一次很肯定地說喜歡姨奶奶多過自己的母親。

不管是誰，有人寵，有人愛，哪怕是敷衍，也很愉快。

天津留在張愛玲心裡是「春日遲遲」的感覺。春天的午後，坐在書房裡，陽光照在身上，明亮但不灼熱，看著窗格子上光線的移動，聽著魚缸裡的魚冒泡泡，桌上放著耳朵眼炸糕。這是天津暖洋洋的午後。

我知道，他喜歡我

「橙色的歲月」緊接著是張愛玲「藍紅年代」。

一九二八年，張志沂終於等到黃素瓊回國。黃素瓊答應回國的一個條件是要搬回上海。因爲她的同胞弟弟在上海，而他們一向感情甚好。

張志沂因在鐵路局失去靠山，也不得不離開天津。

> 我八歲到上海來，坐船經過黑水洋綠水洋，彷彿的確是黑的漆黑，綠的碧綠，雖然從來沒有在書裡看到海的禮贊，也有一種快心的感覺。

好多因緣巧合，才能促成一件事，造就一個人。就這樣，才有上海的張愛玲，張愛玲的上海。我估計，「張學」一定是忽略天津對張愛玲的影響的，連張愛玲《十八春》裡的南京、她祖父祖母的南京，都不在他們的學術範圍內啊！

「藍紅年代」裡，母親把整個家按照她的意願作了很大的改造。家裡的風格一下子很歐式，很小資。好景不長，一九三〇年，父親母親離婚。

雖然他們沒有徵求我的意見，我是表示贊成的，心裡自然也惆悵，因爲那紅藍色的家無法維持下去了。

雖然惆悵，但她成名後不止一次地堅持提醒人們，父母離了婚的孩子並不像人們想像的那樣不幸。

母親再次動身到法國。

母親把那明亮的西式的家一併帶走了。

父親的家，充斥著鴉片的雲霧。在那雲霧繚繞的家裡，有教八股文的老先生，模樣乖巧的弟弟，父親的書房裡堆疊著各種小報、章回小說，坐在裡面感覺整個人都在日暮沉沉中陷下去。

這樣的環境張愛玲也是喜愛的。與其說她喜歡這樣的環境，不如說，她在父親的環境裡生活得愉快，所以才會心生喜悅。

那個時期她的生活很有規律，星期一早晨坐著父親的汽車由司機送去學校，星期六再由司機接回家，從小帶她的保母何干每逢週三就給她送去換洗衣服和食物。週末和寒暑假，還有好多喜歡的事情可以做：看電影、讀小說、找舅舅家的表姐妹們聊天逛街、去姑姑家玩兒。

張志沂發現了女兒的文學才華。張志沂是個舊時才子，吟詩作賦得心應手。看到女兒有這方面的天賦，自然心生歡喜和寵愛。

有一次寒假，張愛玲仿照當時的報紙副刊形式，自己裁紙寫作畫圖，編寫了一張以自己家庭雜事爲內容的報紙。張志沂看了非常高興。只要有親朋好友來，總要拿出來向他們炫耀：「這是小瑛（張愛玲學齡前的名字）作的報紙副刊。」言語間滿是得意。

母親走了，並沒有帶走她的快樂。

最初家裡沒有我母親這個人，也不感到任何缺陷。

在父親另娶之前，她和父親既是一對相依為命的父女，又是一對惺惺相惜的文學朋友。

父親常與張愛玲一起談論讀書的感想，鼓勵她作詩、寫作。這些行為，極大地激勵了張愛玲更熱愛文學。可以說，父親的肯定對於張愛玲不斷進步，是非常關鍵的。

相比於張愛玲的父親，黃素瓊幾乎從來沒有肯定過這個女兒。她總是用審視的目光挑剔著張愛玲生活中的種種不足。這種否定，一再打擊著張愛玲的自信心。張愛玲成年後，也從來沒有寫出過「母親喜歡我」這樣的字句。

對於父親，張愛玲卻不止一次地說過「他喜歡我」這樣的話。雖然她總要在

前面加上些定語，「我知道他是寂寞的，在寂寞的時候他喜歡我。」「我知道」三個字，百轉千迴，痛定思痛。或許，在她落筆之時，不僅理解了父親的寂寞和痛苦，也諒解了他。

因爲懂得，所以慈悲。

這句話，當年是寫給胡蘭成的，用在她父親身上也挺適合。可惜這樣的諒解，最終也只化爲文字。

有一次在多倫多街上看櫥窗，忽然看見久違了的香腸卷——其實並沒有香腸，不過是一隻酥皮小筒塞肉——不禁想起小時候我父親帶我到飛達咖啡館去買小蛋糕，叫我自己挑揀，他自己總是買香腸卷。一時懷舊起來，買了四隻，油漬浸透了的小紙袋放在海關櫃檯上，關員一臉不願意的神氣，尤其因爲我別的什麼都沒買，無稅可納。美國就沒有香腸卷，加拿大到底是英屬

聯邦，不過手藝比不上從前上海飛達咖啡館的名廚。我在飛機上不便拿出來吃，回到美國一嘗，油又大，又太辛辣，哪是我偶爾吃我父親一隻的香腸卷。

從一九三〇年到一九三四年，這四年中，張愛玲一直陪伴在父親左右，與父親幸福地生活在一起。

在週末的午後，在那深巷大宅的書房裡，百葉窗沉下來，光線斜斜地擠進來。深色的地板泛著木頭的棕青色，張愛玲正趴在木地板上看書。《紅樓夢》、《海上花列傳》、《醒世姻緣》、《水滸傳》、《三國演義》、《老殘遊記》、《儒林外史》、《官場現形記》，還有鴛鴦蝴蝶派的小說等，一本一本地從父親的書架上拖下來看。

抽書是她的拿手，她父親買的小說有點黃色，雖然沒明說，不大願意她看，她總是趁他在煙鋪上盹著了的時候躡手躡腳進去，把書桌上那一大疊悄

悄抽一本出來，看完了再去換。

直到看得頭昏腦脹，太陽西沉。這時院子裡隱約有弟弟拍皮球的聲音。窗外飛著四月的楊絮。

晚飯時，傭人何干進來叫。

經過客廳，茶几上懶洋洋地堆著雜亂的小報。張愛玲瞄了一眼，又有一期新的，是沒有看過的。一時心裡非常喜悅。晚飯後又有文章可以看。飯中，父親隨口與她談談小報，談談他們最喜愛的《紅樓夢》。

對於色彩，音符，字眼，我極爲敏感。當我彈奏鋼琴時，我想像那八個音符有不同的個性，穿戴了鮮豔的衣帽攜手舞蹈。我學寫文章，愛用色彩濃厚、音韻鏗鏘的字眼，如「珠灰」、「黃昏」、「婉妙」、「splendour」、「melancholy」，因此常犯了堆砌的毛病。直到現在，我仍然愛看《聊齋誌異》與俗氣的巴黎時裝報告，便是爲了這種有吸引力的

字眼。

美豔辭藻的堆砌，感官厚重的刺激，或許就是從她父親那裡遺傳來的，帶著奢侈放縱的味道。

跟著父親她還看了很多京劇。京劇裡面明豔的服飾，大悲大喜衝撞十足的故事，咿咿呀呀劃破寂靜的二胡聲，都讓張愛玲喜愛。

張志沂一邊翻看小報上名旦的八卦新聞，一邊對他們品頭論足。張愛玲聽得津津有味，好笑處，樂出聲來。

這些與父親在一起的時光都是快樂的。那時她寫的一首七絕末一句是「帶雨蓮開第一枝」，也帶著積極的意味。

人們總說好景不長，這樣的生活在張志沂再次結婚時，不得不畫上句號。

孫用蕃的同榻之好

一九三四年，張志沂迎娶孫用蕃。張愛玲對此的反應一如少女對後母可怕的想像。

> 我父親要結婚了，姑姑初次告訴我這消息，是在夏夜的小陽臺上。我哭了，因爲看過太多的關於後母的小說，萬萬沒想到會應在我身上。我只有一個迫切的感覺：無論如何不能讓這件事發生。如果那女人就在眼前，伏在鐵欄杆上，我必定把她從陽臺上推下去，一了百了。

孫用蕃來頭不小，其父親曾任袁世凱內閣國務總理。她三十六歲還待嫁閨中的原因，據說是她與表哥之類的男人好過，最後卻不了了之，因而在外有損姑娘的名節。何況她父輩又曾發達過，現在雖然家道中落，但好歹那個大總理的架子

還在。嫁個男人，高了人家不要你，低了自己又看不上。再加上他們一家人都抽鴉片，更使一些男人望而卻步。婚事只得無限拖延下來。

那年因為上海房價飛漲，祖輩留下來的一條街的房產，使得張志沂手頭又鬆活起來，親戚間走動得勤了，就有人給他介紹了這個孫用蕃。

夏天時先在二十世紀三〇年代上海最豪華的禮查飯店訂婚，半年後又在華安大樓舉行婚禮，排場不小。

孫用蕃第一次結婚，一嫁過來就是兩個十多歲孩子的媽，我想她心裡面多少也委屈或是忐忑。

剛過門那陣子，一切似乎都還能敷衍。接下來，後母慫恿張愛玲的父親搬家，開始用她的思維來改造這個家。僕人換的換、辭退的辭退，又從家裡拿來兩箱子衣服讓張愛玲穿。這或許是她的好心，也是她作為後母的威力。總之成年後的張愛玲一想起這樁事，就覺得那豬肝色的舊布旗袍似乎還死氣沉沉地貼在

身上。

那年暑假，張愛玲在父親的書房寫作文，寫完後放在那裡，到舅舅家去玩。孫用蕃無意中在書房裡看到張愛玲的這篇作文——《後母的心》，讀完後很感動，認爲這篇作文簡直就是設身處地爲她而寫的。後來，凡有親友到家裡來，孫用蕃就把這篇文章的大意說給大家聽，誇張愛玲會寫文章。

孫用蕃的誇獎，或許也是眞心讚美張愛玲寫作水準，更深層的，是不是讓大家都看看她這個後母是多麼的成功，前妻之女對她是多麼的認可，這個家在她的領導下是多麼融洽。

聰慧如張愛玲，就像她在學校能揣測出每個老師的喜好來溫習功課準備考試一樣，這次或許她也全當是一次考試吧？

後母與父親有著「同榻之好」。傍晚時分，兩人斜斜地躺在床上抽鴉片。一直看不出孫用蕃的好，她是女人男相的那種人，臉上身板線條都顯得粗大。不知道爲什麼張志沂似乎一直與她比較恩愛。她哪點比得上千嬌百媚、任性撒嬌的黃

素瓊？男人的事眞不好說，或許孫用蕃在煙榻上歪著身子給張志沂燒煙槍時，昏黃的燈光下，鴉片誘惑的香味，人都是影影重重的剪影，張志沂體會到了黃素瓊身上沒有的服帖溫柔？

可惜溫柔只是對老公的，對前妻的兩個孩子就沒有那麼多耐心了。孫用蕃對兩個孩子由一開始的拉攏敷衍到最後終不拿他們當回事，一來是因爲後媽實在難做，何況是兩個十多歲孩子的媽。另一個原因不知道是不是張志沂心中時不時地仍放不下黃素瓊。對於「情敵」的兒女，哪裡還會有好臉色？

張志沂對黃素瓊一直還留有那麼一點點情分，這既是黃素瓊的魅力，也是張志沂個性使然。張志沂從來就不算一個壞人。只是他出生得太晚，與周遭環境格格不入。

（乃德與蕊秋離婚時）那時候他愛她，九莉想。眞要他履行條約，那又是打官司的事。但是她的魔力也還在，九莉每次說要到「三姑」那裡去，他總柔聲答應著，臉上沒有表情。

《小團圓》如是說。乃德指的是張志沂，蕊秋是黃素瓊，九莉是張愛玲。

這一點點溫情，孫用蕃自然不會答應。她不僅精明能幹，個性也強硬，才會把氣撒在黃素瓊的孩子身上。

你打她，我就打死你

一九三七年日本人進攻上海，黃素瓊的弟弟一開仗就在法租界的偉達飯店租下一套三個房間，闔家搬去避難。黃素瓊派人來接張愛玲，在那裡住了兩個晚上。

成年後的張愛玲提到母親時總帶點揶揄，母親這次的行爲，張愛玲在《小團圓》裡面也偷笑了一番。

> 蕊秋大概覺得他這筆旅館費太可觀了，想充分利用一下，叫九莉也跟著去。

於是張愛玲給父親說了要去「姑姑」那裡，其實兩人都心照不宣，因爲她母親與姑姑總是在一起的。她的父親張志沂躺在煙鋪上「嗯」了一聲，表示同意。

沒想到事隔兩天，張愛玲一回來，孫用蕃就罵開了。

早在這之前，因爲張愛玲出國讀書的問題，黃素瓊就託人來和張志沂談判。事後又讓張愛玲自己與父親談。沒想到父親沒有答應，孫用蕃自然又是一陣冷嘲熱諷。

你母親離了婚還要干涉你們家的事。既然放不下這裡，爲什麼不回來？可惜遲了一步，回來只好做姨太太。

孫用蕃劈頭便質問張愛玲爲什麼在外過夜，揚手打了她一個嘴巴子。張愛玲本能地要還手，被兩個老媽子死死拉住。孫用蕃早一路尖叫著「她打我！她打我！」奔上樓去，搶先告狀。

喊聲在樓梯間迴盪，四下頓時靜止凝固，空氣重得沉澱下來。張愛玲心裡分明有一種大禍臨頭的感覺。

在這一剎那間，一切都變得非常清晰，下著百葉窗的暗沉沉的餐室，飯已經開上桌了，沒有金魚的金魚缸，白瓷缸上細細描出橙紅的魚藻。

張志沂衝下樓來，不問青紅皀白，對著張愛玲就是一陣拳打腳踢。直把張愛玲打得倒在地上爬不起來。

黃素瓊曾囑咐過她，如果發生這種事情千萬不可還手。「不然，說出去總是你的錯。」待父親走後，張愛玲爬起來想去報巡捕房。這可能也是她在書本上學來的。但是這一套對於封建家長專制的家庭，怎麼會有用？

她試著撒潑，叫鬧踢門，想引起門外崗警的注意。結果張志沂直接把她監禁在一間空房子裡面，還揚言要用手槍打死她。

這時候，家已不復溫暖。那些曾經給她帶來美好時光的記憶，全部都變得苦澀了。

我生在裡面的這座房屋突然變成生疏的了，像月光底下的，黑影中現出

青白的粉牆，片面地，癲狂的……樓板上的藍色的月光，那靜靜的殺機。

張愛玲在空房子裡也沒閑著，偷偷做著逃走的準備，直到後來患上痢疾。這一病就是半年。

> ……躺在床上看著秋冬的丹青的天，對面的門樓上挑起灰石的鹿角，底下纍纍兩排小石菩薩——也不知道現在是哪一朝、哪一代……朦朧地生在這所房子裡，也朦朧地死在這裡麼？死了就在園子裡埋了。

這次嚴重的痢疾差點讓她死去。後來她在《私語》裡把她被軟禁、生病、逃走的經過寫得很清楚。獨獨漏寫了一個情節，就是張志沂在她病中給她打針醫治。

或許那一針下去，父女兩個人都有委屈痛苦。

這麼些年來，女兒一直跟著自己，受教育、被養活，他一直器重她，沒想到最終女兒還是倒戈向母親，這怎能不讓張志沂傷心失望，乃至憤怒。而張家大小姐第一次這麼被父親當著眾人的面，拳腳相向，心裡面有傷心有痛苦有詫異，還有難堪。

病中，張愛玲一直在爲逃走做準備，心中是不是還有著對父親的一點留念？

發高熱，她夢見父親帶她去兜風，到了郊區車夫開快車，夏夜的涼風吹得十分暢快。

不過，這次她終於要離開這個家，與那扼殺青春的生活方式，來一次決裂。

一等到我可以扶牆摸壁行走，我就預備逃。先向何干套口氣打聽了兩個巡警換班的時間，隆冬的晚上，伏在窗子上用望遠鏡看清楚了黑路上沒有人，挨著牆一步一步摸到鐵門邊，拔出門閂，開了門，把望遠鏡放在牛奶箱

上，閃身出去。——當眞立在人行道上了！沒有風，只是陰曆年將近的寂寂的冷，街燈下只看見一片寒灰，但是多麼可親的世界呵！

我在街沿急急走著，每一腳踏在地上都是一個響亮的吻。而且我在距家不遠的地方和一個黃包車夫講起價錢來了——我眞高興我還沒忘了怎樣還價。眞是發了瘋呀！隨時可以重新被抓進去。事過境遷，方才覺得那驚險中的滑稽。

後來知道何干因爲犯了和我同謀的嫌疑，大大的被帶累。

我後母把我一切的東西分著給了人，只當我死了。這是我那個家的結束。

一九三八年年初，十八歲的張愛玲逃出麥根路她出生的家。

一九四二年，因爲香港開戰港大關閉，張愛玲回到上海。但是她還差一年就畢業了。爲了完成學業，她想轉入上海的聖約翰大學。

因爲交不起學費，姑姑讓她去找父親要。因爲當年她父母的離婚協議上寫著張愛玲的教育費用由父親一人承擔。而港大的三年父親都沒有出過錢，這剩下的半年應該由他出，否則太說不過去。

就這樣，已有四年多沒有踏進家門的張愛玲，再一次見到父親。事後她的弟弟張子靜回憶道：

姐姐進門後，神色冷漠，一無笑容。在客廳見了父親，只簡略地把要入聖約翰大學續學的事說一遍。難得父親那麼寬容，叫她先去報名考轉學，「學費我再叫你弟弟送去」。

姐姐在家坐不到十分鐘，話說清楚就走了。

那是姐姐最後一次走進家門，也是最後一次離開。此後她和我父親就再也沒有見過面。

張家的人都不會表達愛，對於如何表達愛，他們顯得很生硬。從此，父女二

人再沒有見過面。一九五三年，張志沂五十七歲時在上海病逝。張愛玲對父親的感情和愛，最終只能寄託在文字上。

最後一切都是虛無。只留下當年父親牽著她的手，帶著她去飛達咖啡館買小蛋糕的溫暖記憶。或許當一切都不在的時候，空氣中還能聞到那甜甜的奶油香味。

4 人生就是一場華麗緣

二十世紀三、四〇年代的上海，是東方的巴黎。高樓林立，霓虹的閃爍，是一個接一個的繁華夢。

營救

一九三七年，滬戰爆發。那個午後彌漫著鴉片煙味道充斥著懶懶閒逸的家，一剎那間，變得明晰清楚。朦朧的、矯飾的表面，被繼母一迭聲的銳叫打破：「她打我！她打我！」接下來是父親劈頭蓋臉的一頓好打。父親說，你打人，我就打你。還揚言要用手槍打死她。結果張愛玲被監禁在空屋子裡。之後，張愛玲生了一場沉重的痢疾，差一點死掉。在《私語》裡，張愛玲說：「我父親不替我請醫生，也沒有藥。病了半年，躺在床上看著秋冬的丹青的天，對面的門樓上挑起灰石的鹿角，底下纍纍兩排小石菩薩——也不知道現在是哪一朝、哪一代……朦朧地生在這所房子裡，也朦朧地死在這裡麼？死了就在園子裡埋了。」

在與繼母發生衝突的第二天，張愛玲的姑姑——張茂淵，立即趕過來說情。但是，由於這個姑姑一直與張愛玲的母親黃素瓊走得非常近，兩人不僅於一九二四年同赴歐洲遊學，一九二八年由英國返上海，一九三〇年張愛玲父母離

婚後，兩人又一起搬出張愛玲父親的寶隆花園洋房，租住在法租界。所以，張愛玲的繼母孫用蕃對這個張志沂的妹妹，根本沒有什麼好感。何況張志沂對張愛玲的母親還有點餘情，孫用蕃一上來就把張茂淵當成黃素瓊的代表，一見她便冷笑：「是來捉鴉片的麼？」一句話，就把張茂淵推到了張志沂的對立面。不等張茂淵開口，張志沂便從煙鋪上跳起來劈頭打去，把張茂淵打傷了。

張茂淵的這次請求以失敗告終。張愛玲被監禁在空房裡。

一九三八年年初，張愛玲在被監禁半年後，終於在陰曆年前，一個隆冬的晚上，逃出父親家，投奔到母親那裡。與母親、姑姑住於開納公寓。

相處也是一門學問

關於張愛玲的母親，母性在她身上體現得並不強烈，或者說，她還不知道怎麼正確地表達母愛。所以，當這個女兒準備拋下一切來投奔自己時，私下裡她可能還是會有片刻的遲疑。這個片刻的思量，是因爲接納張愛玲她就必須更多地付出自己。這個決定使她必須陪伴女兒養育女兒，直到女兒如自己所願，考上英國的大學。所以，黃素瓊看張愛玲，常常帶著估量的眼神。掂量一下，爲這個女兒花如此多的錢值不值得；再掂量一下，爲這個女兒，犧牲自己大好的獨身時光值不值得。

張愛玲原本對於母親有著強烈的羅曼蒂克的愛。一開始，她跟母親要零花錢，自以爲是一件「親切有味」的事情。但是當她一次次伸手向母親要錢，忍受著母親的壞脾氣時，她是不是開始懷疑自己對母親這種一往情深的崇拜和愛？她寧可走大半個城市，也不願再開口向母親要車費。她會不會覺得委屈？

我爲她的脾氣磨難著，爲自己的忘恩負義磨難著，那些瑣屑的難堪，一點點地毀了我的愛。

相對而言，與姑姑張茂淵相處時，因爲沒有那種不堪重負的崇拜，可能張愛玲會輕鬆自如一些。

週末時，姑姑忽然說要自己包包子，用芝麻醬當餡。蒸籠冒水蒸氣，熏昏了眼鏡，摘下來揩拭，張愛玲才看到她眼皮上有一道曲折的白痕，一問才知道是那時爲自己去求情被父親打傷的。

到醫院去縫了三針。倒也沒人注意。

姑姑輕描淡寫地說。

糖心芝麻醬包子蒸出來，沒有發麵，皮子有點像皮革。姑姑說：「還不

錯。」張愛玲吃著，突然就流下淚來。

這樣的事，她不願想起，又時常想起。

「不願想起」，是因為在她落淚的那一霎，是不是心酸眼亮，看清了自己的委屈，也明瞭母親的委屈、父親的委屈？「時常想起」，是不是因為姑姑隨手做的這幾個包子包含了她對家庭的溫暖和愛的渴望？

或許張家父女、母女，都是硬脾氣，沒有千迴百轉的溫情，且一個比一個不會表達愛。結果反而因為靠得太近，像相互取暖的豪豬一樣，大家都弄得傷痕累累。但張愛玲與姑姑，說親，總之還是隔著一層；說遠，又有著血濃於水的關係。因而，近能做親人，退一步，還能做朋友。兩人相處時，反而有著朋友間的謙讓和寬容。不像對父母，期望太多的愛，結果反而傷心失望。

人們常常會這樣，對於朋友間的點滴關懷，會感受備至，銘記在心。但對自己所愛的人，由於有更高的要求和期望，當事與願違或者是事實與願望還有一定差距時，往往會受傷或委屈。

難的不是僞裝矯飾，而是遵從自己的內心

張茂淵又是一個乾淨清爽的人。乾淨清爽不僅是指外表，還指爲人處世和內心。這個女人，無論做什麼事情，都遵從自己的內心，不矯飾、不苛求，凡事都拎得清。你看她照顧從香港回來的張愛玲時，首先告訴張愛玲，「這一切都是因爲你母親託付我的。」不想張愛玲領自己的情，心理上有負擔。張愛玲的弟弟張子靜小時候生病，張茂淵連日熬夜，隔兩個鐘頭數幾滴藥水給他吃，當張子靜長大後抱著一雙籃球鞋來投奔母親，張茂淵看著他眨巴著淚水的大眼睛，也覺得他可憐。但是到吃飯的時候，她仍然會毫不留情地說：「沒有預約，我們是不留飯的。」一九五二年張愛玲離開上海後，張子靜敲門，張茂淵開了一個門縫，說了一聲「你姐姐走了」，毫不猶豫地就把門關上了。

關於姑姑對張子靜的行爲，張愛玲分析，是因爲她一個人掙錢也不那麼容易，她害怕自己稍微心軟一些，就會有人白吃白喝地靠上來。所以她寧可把話說

清楚，也不要外在附加在自己身上的各種僞裝道德的辭彙。

無論何事張茂淵都願意乾淨俐落地處理，於人於己兩不相欠。張愛玲潛移默化地從姑姑身上學到了這樣的處事風格。多年以後，當她也與旁人凡事拎得很清的時候，當有人誤解地把冷漠、無情等字眼扣在她頭上時，其實都沒有看到隱藏在她思想深處的不想給別人帶來麻煩的自尊自愛。

從一九三八年年初逃到母親家到一九三九年赴港求學，從一九四二年由香港返回上海到一九五二年離開大陸，這兩段時間，張愛玲都與姑姑生活在一起。特別是後面她成名上海的這十年，姑姑不僅見證了她事業上的輝煌，也經歷了她愛情起伏的波瀾。但正因爲與姑姑這種既親且疏的關係，讓張愛玲更加放鬆地向姑姑展現她的一切。兩人在一起，不像上下輩的關係，更像一對惺惺相惜的朋友，能相互欣賞和喜愛，又能保持自己獨立的個性。同時姑姑也似張愛玲的保護傘。每逢重大的應酬場合，除了有炎櫻，姑姑張茂淵也是陪伴其左右。

清平的機智見識

回憶不管是愉快還是不愉快的，都有一種悲哀，雖然淡，她怕那滋味。她從來不自找傷感，現實生活裡有的是，不可避免的。但是光就這麼想了想，就像站在個古建築物門口往裡張了張，在月光與黑影中斷瓦頹垣千門萬户，一瞥間已經知道都在那裡。

兩個人生活在一起，頗有些值得回憶的事情。

自從日本人進了租界，張茂淵就從洋行裡面停薪留職了，過得很省。一天，她在窗前捉到一隻相當肥大的鴿子，張愛玲幫忙握住它，鴿子捉在手裡非常興奮緊張。兩人都笑，把鴿子關在窗外，等明天再吃。

誰知這鴿子一夜憂煎，像伍子胥過昭關，雖然沒有變成白鴿，但一夜工夫竟

然瘦掉一半。次日見了以爲是換了隻鳥。張愛玲吃了心下慘然，姑姑也默不作聲。不擱茴香之類的香料，有點腥氣，但就這一次的事，也不犯著去買。

張家女人都喜歡看電影。張茂淵就說自己喜歡看喜劇，說話俏皮好玩。張愛玲爲了看一場電影，寧可急急地從杭州折回上海。有著共同愛好、近似品味的兩個人，朝夕相處，才會輕鬆愉快。

看看張愛玲身邊能與她相處融洽的女人，如炎櫻、蘇青，還有她的姑姑張茂淵，都是聰慧機智的。

張愛玲曾經說過她的姑姑有一種清平的機智見識。

她有過一個年老嘮叨的朋友，現在不大來往了。她說：「生命太短了，費那麼些時間和這樣的人在一起是太可惜——可是，和她在一起，又使人覺得生命太長了。」

起初我當做她是說：因爲厭煩的緣故，彷彿時間過得奇慢。後來發現她

是另外一個意思：一個人老了，可以變得那麼的龍鍾糊塗，看了那樣子，不由得覺得生命太長了。

關於職業，張茂淵的見解，即使在今天看來，也比很多人想得明白。

她找起事來，挑剔得非常厲害，因爲：「如果是個男人，必須養家糊口的，有時候就沒有選擇的餘地，怎麼苦也得幹，說起來是他的責任，還有個名目。像我這樣沒有家累的，做著個不稱心的事，愁眉苦臉賺了錢來，愁眉苦臉活下去，卻是爲什麼呢？」

今天我們有很多人，一邊抱怨著工作不稱意，一邊爲了這份薪水愁眉苦臉地做事。就算看得明白，也沒有張茂淵的這份勇氣。

有一個時期她在無線電臺上報告新聞，誦讀社論，每天工作半小時。她

感慨地說：「我每天說半個鐘頭沒意思的話，可以拿好幾萬的薪水；我一天到晚說著有意思的話，卻拿不到一個錢。」

她批評一個膽小的人期期艾艾的演說：「人家唾珠咳玉，他是珠玉卡住了喉嚨。」

……

她手裡賣掉過許多珠寶，只有一塊淡紅的披霞（即碧璽，是一種色澤多樣的水晶），還留到現在，因爲欠好的緣故。戰前拿去估價，店裡出她十塊錢，她沒有賣。每隔些時，她總把它拿出來看看，這裡比比，那裡比比，總想把它派點用場，結果又還是收了起來。青綠絲線穿著的一塊寶石，凍瘡腫到一個程度就有那樣的淡紫色的半透明。襯上掛著做個裝飾品罷，襯著什麼底子都不好看。放在同樣的顏色上，倒是不錯，可是看不見，等於沒有了。放在白的上，那比較出色了，可是白的也顯得髒相了。還是放在黑緞子上面頂相宜——可是爲那黑色衣服的本身著想，不放，又還要更好些。

……

姑姑嘆了口氣，說：「看著這塊披霞，使人覺得生命沒有意義。」

張茂淵對職業、對人生都有著超出常人的智慧，似乎比常人要看得清楚明白些。正因爲有這樣一種洞察，才使得張茂淵比很多人都過得自在、輕鬆。

我愛與不愛，都和你無關

張茂淵的婚姻，是坊間極力煽情的一個段子。就是說這個七十八歲才把自己嫁掉的老小姐，一輩子癡情等待，就爲了等那個叫李開弟的男人。

據說張茂淵年輕的時候在前往英國的輪船上，邂逅了一位名叫李開弟的青年才俊。男才女貌的兩個人自然而然地相愛了，可惜李開弟早有婚約在身，後來者要麼登堂入室，要麼就只有苦等的命了。也有人說兩人分手的根本原因是李開弟作爲激進青年，不能接受張茂淵是「賣國賊」李鴻章的後代。

後一種說法似乎有點影子可尋。當年張愛玲向姑姑追問祖父祖母的事情時，張茂淵的反應頗值得玩味。

「問這些幹什麼？」我姑姑說，「現在不興這些了。我們是叫沒辦法，

都受夠了，」她聲音一低，近於喃喃自語，隨又換回平常的聲口，「到了你們這一代，該往前看了。」

是什麼委屈難敘的事情，讓這個爽快獨立的女子這樣欲言又止？

一九二八年，張茂淵留洋回來，這時她也就二十六、七歲，正值婚嫁年齡。可是這個張家大小姐，在適婚時期卻沒有看上一個能把自己嫁出去的男人。

你看張茂淵對工作謀職的挑剔，對人生清晰的明白，你就懂得她爲什麼始終嫁不出去。其實不是找不到人娶她，而是她找不到合適的人嫁。找個心裡糊塗混沌的男人，過著混沌糊塗的日子，這怎麼是張茂淵能夠接受的生活呢？

所以，她寧可不嫁，也不要一個不情不願、愁眉苦臉的婚姻。

看了張愛玲的《小團圓》，才知道這個姑姑在年輕時也有好幾個喜歡的人。可惜，這些人雖然適合，卻都在不合適的時間出現。所以，張茂淵雖然也愛了，

但是最終沒有步入婚姻的殿堂。

當張愛玲準備與胡蘭成結婚後，張茂淵得意地笑道：「大報小報一齊報導。——我最氣說跟我住住就不想結婚了。這話奇怪不奇怪？」

張茂淵苦等五十多年，就爲了嫁給李開弟。這樣的說法看似癡情，其實卻不無殘忍。等什麼呢？專等李開弟的老婆死嗎？難道純情癡戀的背後，就是殘忍不堪的現實？

或許，在張茂淵的一生中，李開弟始終是有一個位置的。但也沒有誇張到讓張茂淵像王寶釧一樣寒窯苦守。王寶釧的這種等待，更像一種信仰。你說，王寶釧有多愛薛平貴？對一個自己並不瞭解的男人，從哪裡來的愛？

張茂淵絕不似王寶釧。五十多年的獨身中，她樂於享受自在的人生，樂於接受新的男人，樂於體驗生活的各種滋味。

當年，張愛玲赴港讀書，她委託李開弟照顧張愛玲。看來，兩人雖然勞燕分

飛，但李開弟並沒有成爲她心中的痛。至少她沒有因爲曾經的愛，對這個男人產生恨。反而，她能夠自如對待，把李開弟當成朋友，把自己的侄女託付給他。當然，或者這個朋友還是有點不一樣，多了一些諸如親人般的信任和要求。

然而，這些都是後人附會的。當年，兩個人之間到底發生怎樣的故事，還是只有他們自己才清楚。抑或作爲當事人，他們也未必看得明瞭這段感情。但可以肯定的是，兩個人都沒有停留在原地，爲了這份暫時有個了斷的戀情尋死尋活，就算是心裡深埋情愫也罷，仍然按部就班地讓人生一如既往地前行。不知道這是愛的灑脫，還是愛的無奈。

一九七九年，李開弟的老婆去世後，李開弟和張茂淵在上海登記結婚。張茂淵實年七十八歲。當時，很多人都不理解張茂淵這一行爲，都這麼大的年紀了，還結個什麼婚呢？

然而這個一輩子爽快清醒的女人，完全不顧別人的議論，就像當年找不到合心的人就是不結婚一樣，七十八歲的高齡，仍然依順自己的內心。只要條件允

許，就去接受，就去愛。

如果李開弟的老婆不先退局，餘下的兩個人就沒有在一起的可能。但是我想，依照張茂淵的個性，就算是這輩子沒有可能與李開弟在一起，她也不會以淚洗面。不過，在清冷的夜裡，遙想當年輪船上那個笑容溫暖的年輕男子，心裡除了溫暖的回憶，會不會還有苦澀的遺憾。再獨立樂觀的女人，想著遠在天邊自己所愛的男人，爲他人夫爲他人父，心裡也會有幽微的、不易被人察覺的嘆息。

請速來函，以慰老懷

一九五二年，張愛玲離開上海去香港。離開之時，大陸上的政治風氣已使張愛玲似驚弓之鳥。爲了避免不必要的麻煩，兩個人約定從此不通音訊。直到二十世紀八〇年代，張茂淵驚喜地在報紙上看到有人以肯定的口吻品論張愛玲的作品，才輾轉找到張愛玲的地址，寫信告訴她：春天似乎要來臨了。一九八五年，張愛玲屢次搬家，兩人再次失去聯繫。直到一九八七年年初，張茂淵才從柯靈（中國電影劇作家）處得到宋淇的地址。立即發了一封信，信中說：希望先生轉告她急速來函，以慰老懷。張姓方面的親人，唯有愛玲一人。

其實，當時張子靜也在上海，張家不少親戚也在上海。他們家族旁支雜多，當年張茂淵與張愛玲的媽媽黃素瓊出國留洋，在國外兩人最常說的一句話就是：不要往那邊看，那個人好像是我們的親戚。但張茂淵獨獨對這個侄女情深義重。

一九九〇年，臺灣的《中國時報》創報四十周年，第十三屆「時報文學獎」

擴大舉行。報社方面邀請張愛玲重返臺灣，擔任「時報文學獎」的決審評委，並提出，等會議結束後，將陪她去上海探望姑姑，一切費用由報社承擔。七月一日，張愛玲回信了。

從您信上知道時報今年的文學獎更比往年隆重有意義，我如果能參與評判，當然感到榮幸。但是莊信正先生推薦我，我覺得很意外，因爲我給他寫信總是不斷地抱怨來日苦短，時間不夠用，實在沒辦法，只好省在自己朋友身上了，所以全都久疏音問。我去過的地方太少，如果有工夫旅行，去過的就不再去了。

言下之意是，臺灣不想來，上海也不想去。那一年張愛玲七十歲，張茂淵八十九歲。

這姑侄倆生活在上海時相依爲命，感情素來深厚。遺憾的是，自從一九五二

年始，兩個人就再沒有見過面。張愛玲晚年不願回上海，旁人或許能給她列出若干理由，但照這兩個張家女人的個性，不願意回就是不願意回，哪還有那麼多理由。茫茫人世間，如果什麼事情都要照顧觀者的情緒，哪還能保持自我的世界。我想，張茂淵雖然遺憾沒有再見到張愛玲，但應該是理解並懂得張愛玲的所作所爲的。

一九九一年，張茂淵在上海病逝，享年九十歲。

5

兩個人的五十六年

上海月份牌美女。「生命是一襲華美的袍，爬滿了蚤子。」

與炎櫻年少時相逢

一九三九年，在上海的碼頭上，一艘輪船正準備啓程前往香港。那天，空氣潮溼，霧氣濛濛。一切掩映在朦朧中，反而不那麼眞實。高大的船桅，噴氣的煙囪，甲板上揮手說再見的人，一切都像拍電影的道具。

腳夫們行色匆匆，舢板上擠滿了人。各人有各人的心態，有的人拿著票急急地往上趕生怕錯過這趟船，有的人站在碼頭只顧埋頭抹淚遲遲不上船，還有的人待腳夫把行李送到船艙後又興奮地跑出來，站在甲板上大聲地與船下的家人分享自己新奇的所見。

送別是一個熱鬧的場面，拋開那點傷心不算，在這樣一個隆重的場合，送與被送的雙方，其實都透著表演和極力呼應的疲憊。如果碰上晚點出發，還得多待在一起，那麼不談離別談點其他話題，反而覺得輕鬆愉快。大家會透著熱乎勁呱

呱而談，只有在汽笛聲響的那一刻，在離開的那個人跳上去的時候，大家才慌慌張張地向遠行的人交代若干注意事項。也不管聽見沒聽見，一個大聲地說，一個大聲地應，直到看不見身影，似乎這樣心裡才踏實。

送別儀式一結束，各人該幹麼就幹麼去了。身影剛走，留下的人相互說的第一句話可能就是「中午準備吃什麼」。而遠行之人，早就和鄰座的人聊開了。

送別往往被藝術化爲離愁別恨，實際生活中卻透露著幽默和不爲人約束的快樂。送別，還透著那麼點期待和喜悅。是啊，沒有送別，哪有相聚？

對於年輕女孩來說，要離開家這麼遠，到一個未知陌生的地方去，原本應該擔心害怕、猶豫不決。但是，這個家裡的女人，在社會大變革來臨之際，就已經勇敢地邁出家門、跨出國門了，就算是有一雙小腳，也阻止不了她們探索世界的決心，阻止不了她們追求新生活的渴望。

想著自己的母親在阿爾卑斯山勇敢又神氣的滑雪照片，想著姑姑在英倫湖畔如夢如煙的畫面，想著前方有著一個自由、多彩的世界，張愛玲比任何時候都渴

望離開上海。

由於戰事，牛津大學去不了了，轉道香港，入香港大學。冥冥之中的命運安排，或許幸而去了香港，幾年以後才會有那麼一本寫給上海人看的香港傳奇。

輪船一會兒就要開了。輪船下另一個女孩子也在同家人告別。因爲兩個女孩子的補課老師爲同一個英國人，這個老師介紹她們一塊走。張愛玲的媽媽極力敷衍，重託這個女孩子照應張愛玲。瘦瘦高高的張愛玲看著眼前這個有著標誌面孔的微微胖的女孩子，這個混血的錫蘭女孩也好奇地盯著張愛玲看。

船還沒有到香港，兩個女孩子就成了好朋友。此後，兩個人形影不離，直至張愛玲定居美國。後來張愛玲深居簡出，這個女孩也一直與她保持聯繫。可以說，在張愛玲的一生中，與她交情最久、私交最好的人就是這個從上海去港大的混血女孩。這個女孩的中文名字是張愛玲取的，叫炎櫻。

香港的同學少年

大學生活本來應該是結交人最多，與人交情最廣，最輕鬆愉快的。但是在港大的三年，張愛玲似乎是圈外之人，與同學幾乎沒有什麼交情。唯獨對炎櫻，情同手足。發憤讀書之餘，偶爾出門看電影、逛街、買零食，做伴的都是炎櫻。放假回上海時，兩個人往往也結伴而行。有一年放暑假，炎櫻沒有等張愛玲就回家了。結果落了單的張愛玲傷心失意，哭得不可開交。

有共同愛好的人，很容易成爲好朋友。兩個女孩子喜歡豔麗新奇的服飾，喜歡看電影，喜歡畫畫，喜歡一切新奇的事物，就連吃零食的口味都差不多。

週末她常與炎櫻坐在馬路邊鐵欄杆上談天。香港山勢起伏、高低錯落，兩腳懸空就宕在樹梢頭，樹上有一球一球珍珠蘭似的小白花，時而有香氣浮上來。

下了幾天的春雨，「滿山兩種紅色的杜鵑花簌簌落個不停，蝦紅與紫桃色，地下都鋪滿了，還是一顆顆的滿樹粉紅花。天晴了，山外四周站著藍色的海，地

平線高過半空。」張愛玲看著炎櫻金棕色的小圓臉，那印度眼睛像黑色的太陽。她有時候說：「讓我揿一揿你的鼻子。」炎櫻納悶地問：「幹什麼？」但還是送上來。

在港大，有一個俄國先生看到張愛玲畫的一幅炎櫻單穿一件襯裙的肖像，願意出五元港幣購買。香港淪陷期間，張愛玲畫了很多畫，都由炎櫻著色。兩人陶醉其間，完全忘卻了身邊連天的戰火。有一幅畫，張愛玲特別喜歡，全是不同的藍和綠，使人聯想到「滄海月明珠有淚，藍田日暖玉生煙」的詩句。

課餘之時，兩人坐著巴士沿著山路，蜿蜒陡峭而下，到市中心找霜淇淋吃。看著野火花似的紅色藤蔓，潑辣地開一路。遠處是海浪拍打海岸的聲音，一聲連著一聲不緊不慢，聞到的是海氣、水氣、潮氣。汽車快快地穿梭，想著一會兒就可以坐在窗明几淨的咖啡店，點一份奶油霜淇淋、來一份鬆軟香甜的奶油蛋糕。這些甜而膩的食品，都是張愛玲的最愛。

我和老年人一樣的愛吃甜的爛的。一切脆薄爽口的，如醃菜、醬蘿蔔、蛤蟆酥，都不喜歡，瓜子也不會嗑，細緻些的菜如魚蝦完全不會吃，是一個最安分的「肉食者」。

張愛玲的弟弟張子靜也回憶到「姐姐喜愛吃的菜肴和零食，大多是甜的。我們到外面去，她定要買紫雪糕和爆玉米花。在家裡，她愛吃有個老女僕做的山芋糖」。從小她就喜歡吃這種甜、軟、膩的食品，「八歲我要梳愛司頭，十歲我要穿高跟鞋，十六歲我可以吃粽子湯糰，吃一切難於消化的東西。」後來，在美國張愛玲還寫了一篇文章《談吃》。文章一出，讀者都大吃一驚。原本他們都認為寫出那些胡琴咿呀啊的古舊故事的張愛玲小姐，應該不食人間煙火才對。沒想到，張愛玲對吃很有自己的一套，且談起吃來津津樂道。

戰爭開始的時候，港大的學生大都樂得歡蹦亂跳，因為十二月八日正是大考的第一天，平白地免考是千載難逢的盛世。

一九二〇年，日本人進攻香港，圍城十八天。港大停止辦公，異鄉的學生被迫離開宿舍，不參加守城工作，就無法解決膳宿問題。因此一大批學生到防空總部去報名，還有一些男同學參加了志願軍。

《燼餘錄》裡面，張愛玲將一班男男女女的同學嘲諷挖苦了一番。

> 時代的車轟轟地往前開。我們坐在車上，經過的也許不過是幾條熟悉的街衢，可是在漫天的火光中也自驚心動魄。就可惜我們只顧忙著在一瞥即逝的店鋪的櫥窗裡找尋我們自己的影子——我們只看見自己的臉，蒼白，渺小；我們的自私與空虛，我們恬不知恥的愚蠢——誰都像我們一樣，然而我們每人都是孤獨的。

唯獨對炎櫻，全是好話。

> 同學裡只有炎櫻膽大，冒死上城去看電影——看的是五彩卡通——回宿

舍後又獨自在樓上洗澡，流彈打碎了浴室的玻璃窗，她還在盆裡從容地潑水唱歌，舍監聽見歌聲，大大地發怒了。她的不在乎彷彿是對眾人的恐怖的一種諷嘲。

炎櫻永遠都是快樂的，從沒有世界末日感。日本人占領香港後，張愛玲跟炎櫻去銀行。她有十三塊錢，全提了出來。她們要買船票回上海。「留兩塊，不然你存摺沒有了。」炎櫻說。當時張愛玲就很驚訝：「還要存摺幹什麼？」

上城一趟，不免又去順便買布。中環後街，傾斜的石板路越爬越高。戰後布攤子特別多，人也特別擠，一匹匹桃紅蔥綠映著高處的藍天，像山城的集市。炎櫻討價還價，不亦樂乎。

照炎櫻的觀點來說，「身邊的事比世界大事要緊，因爲畫圖遠近大小的比例，窗臺上的瓶花比窗外的群眾場面大。」

關於香港的這場戰爭，張愛玲說，它對自己有切身的、劇烈的影響。日本人

攻城前，港大的老師們爲了不讓學校的資料落入日軍之手，放了一把火，把所有的學生資料全部燒毀。其中包括最讓張愛玲引以爲豪的成績單。原本計畫拿了兩個獎學金後，畢業時就能直接保送牛津大學的張愛玲，沒想到一場戰爭下來，大多數人的命運連同自己全部因此改變。

回到上海大世界

一九四二年下半年，世界格局正在急劇變化，港大仍受戰火的影響，不能復課。張愛玲與炎櫻選擇離開香港，回上海去。

這次海面上，再沒有那種色彩迷離、衝撞夢幻的景象了，眼前的海域上，更多的是戰船兵艦。海水在炮彈的作用下，也變得黃濁青黑。映襯著落日的殘紅，顯得破敗、殘酷。

香港是沒法待了。雖然港大三年的苦讀直似竹籃打水，了無痕跡，但正因爲年輕，張愛玲並沒有過多地沉浸在悲觀失意中。天高海闊，前方的路還長。年輕氣盛，已經讓她有足夠的勇氣和膽量面對前途未卜的上海。在輪船上，她同炎櫻談論著那裡的摩登世界，想像著自己將要成就一番事業。對於未知的一切，她摩拳擦掌有著莫名的興奮。雖然大幕提前拉開，但經過香港三年的歷練，張愛玲躍躍欲試，因爲這個舞臺是讓她感到親切又刺激的上海。

那時的上海是國際性的大都市，是東方的巴黎，豈非香港可比。相比之下，香港只是個殖民地的邊陲小鎮。九歲時來到上海，親臨這裡的摩登、洋派，雖然期間有十年的寒窗苦讀，張愛玲所喜歡的上海的一切，仍然像跑馬地的霓虹燈和喧鬧聲一樣，隔著高牆傾瀉出來。耳朵聽著、眼裡看著、心裡體會著，這上海讓她著迷的一切。

與表姐、表妹們在霞飛路逛街，看著自己的倒影映襯到玻璃櫥窗裡面好看時髦的衣服上。拉著父親的手，去買自己最喜歡吃的奶油蛋糕。滾在家裡的狼皮褥子上，笑痛肚子地看著一個胖伯母與自己的母親演好萊塢肥皂劇。就算是坐在偉達飯店裡面沉默地看書，也是上海式的。

這次回到上海，自食其力，原來要尷尬地向母親、父親要錢才能買到、欣賞到的東西，通過自己的才華，一切都盡在眼前。這一切自然變得更有魅力了。

虹口租界的日本衣料店裡，料子捲成圓柱形，要看完整的圖案，得讓店夥計一捲一捲慢慢地打開。日本花布，一件就是一幅圖畫。買回家來，沒交給裁縫之

前她總要幾次三番拿出來鑑賞。

棕櫚樹的葉子半掩著緬甸的小廟，雨紛紛的，在紅棕色的熱帶；初夏的池塘，水上結了一層綠膜，飄著浮萍和斷梗的紫的白的丁香，仿佛應當填入「哀江南」的小令裡；還有一件，題材是「雨中花」，白底子上，陰戚的紫色的大花，水滴滴的。

還有一件是看了沒買成的。

有一種橄欖綠的暗色綢，上面掠過大的黑影，滿蓄著風雷。還有一種絲質的日本料子，淡湖色，閃著木紋、水紋；每隔一段路，水上漂著兩朵茶碗大的梅花，鐵畫銀鉤，像中世紀禮拜堂裡的五彩玻璃窗畫，紅玻璃上嵌著沉重的鐵質沿邊。

逛這樣的店，有一個志同道合的女朋友陪著，更是愉快。炎櫻與張愛玲一樣，都喜歡服裝。兩人曾合計著要開一間服裝店，做出引領上海時尚的服飾。炎櫻曾經突發奇想，設計出一款衣服，各人一套，衣服前面都寫一句聯語，走在街上碰了面會合在一起，上下聯就成了對。也只有這樣的人，才能欣賞張愛玲那些「老祖母」的奇裝異服；才能拿著自己的小相機與張愛玲在屋頂陽臺上拍下那些充滿自戀色彩的照片。

人是因爲機智而可愛

炎櫻也喜歡畫畫。除了張愛玲提到的，在港大時她們一個勾圖，一個著色外，炎櫻還爲《傳奇》及其增訂本設計了封面。張愛玲說她「爲那強有力的美麗的圖案所震撼，心甘情願地像描紅一樣地一筆一筆臨摹了一遍。」而那個晚清時裝仕女圖的增訂本的封面，張愛玲形容它有著「古墓的清涼」。這兩個封面，直到今天來欣賞，仍讓人無限遐想。其精巧的設計，與圖書的內容配合得天衣無縫。看著現在所有關於張愛玲的圖書，還眞的沒有一個封面像炎櫻的設計這樣有個性、有風格。

張愛玲平時拘謹、少言，顯得老成持重。唯有與炎櫻在一起，她與自己年齡相稱的那一面才顯露出來，整個人也顯得放鬆、自在。兩個人在一起時，更像小女生一樣，充滿樂趣。特別是陪伴自己的這個女朋友，風趣幽默又自由自在。

炎櫻在報攤上翻閱畫報，統統翻遍之後，一本也沒買。報販諷刺地說：「謝謝你！」炎櫻答道：「不要客氣。」

我想，這個時候，站在一旁的張愛玲肯定放開大笑起來。

炎櫻買東西，付賬的時候總要抹掉一些零頭，甚至於在虹口，猶太人的商店裡，她也這樣做。她把皮包的內容兜底掏出來，說：「你看，沒有了，眞的，全在這兒了。還多下二十塊錢，我們還要吃茶去呢。專爲吃茶來的，原沒有想到要買東西，後來看見你們這兒的貨色實在好……」

結果店老闆被她的孩子氣打動，給她抹去了零頭。

一旁的張愛玲忍住笑，也裝出可憐的樣子。兩個人剛拐一個彎，看不到那家店時，張愛玲一定會噗哧一聲笑出來。

有一個女同學說，我是孤獨的。炎櫻馬上接，你孤獨地同一個男人待在一

起。惹得一旁的張愛玲哈哈大笑。

張愛玲看到過馬路的紅綠燈，覺得好看。炎櫻說，摘下來戴在頭上吧。

關於加拿大的一胎五孩，炎櫻說：「一加一等於二，但是在加拿大，一加一等於五。」

炎櫻的我行我素除了在戰時表現得鎮靜之外，在作文本上也顯露出來。

中國人有這句話：「三個臭皮匠，湊成一個諸葛亮。」西方有一句相彷佛的諺語：「兩個頭總比一個頭好。」炎櫻說：「兩個頭總比一個好——在枕頭上。」她這句話是寫在作文裡面的，看卷子的教授是教堂的神父。她這種大膽，任何以大膽著名的作家恐怕也望塵莫及。

炎櫻這些不假思索的聰明、機智，正是張愛玲欣賞的。她不僅幫炎櫻記錄下

來，還希望讀者們一起欣賞。《炎櫻語錄》、《雙聲》都是這樣的篇章。《我看蘇青》、《吉利》、《氣短情長及其他》等篇幅，也頻頻提到炎櫻。

凡是公眾場合，張愛玲幾乎都要叫上炎櫻做伴。炎櫻也樂意做張愛玲的「保護人」。納涼會上，李香蘭被媒體圍住，張愛玲似乎被冷落。當有人向張愛玲提問時，張愛玲還在思索，炎櫻立即爲她製造氣氛圓場。只聽炎櫻響亮地說：「可以聽得見她的腦筋在軋軋轉動。」言畢，還用手做出姿勢。《傳奇》座談會上，有人說張愛玲的作品整篇不如局部，單個句子又更見其好。炎櫻又替張愛玲辯解道：「她的作品像一條流水，是無可分的，應該從整個來看，不過讀的人是一勺一勺的吸收而已。」或許，不習慣公眾場合講話的張愛玲，正需要這樣一個人，說她不便說的話。

炎櫻熱情大膽好熱鬧的性格，恰好是張愛玲冷漠好靜的有益補充。炎櫻似乎毫無心機的言行，也與張愛玲的矜持形成反差。身形上，一個矮一點胖一點，另

一個高一些瘦一點。雖然兩人性格判若天壤，張愛玲卻喜歡與炎櫻在一起。炎櫻之於張愛玲，比張愛玲之於炎櫻更重要。在張愛玲看來，或許炎櫻就是另一個自己，可以說自己不能說的話，做自己不能做的事。

想想，這樣兩個女孩，一起忙著新書的出版，爲封面、爲書中選用的照片反覆商議；一起逛商店，欣賞好看的衣料，設計服裝款式，籌畫開時裝店；一起去茶室買好吃的奶油鬆餅和栗子粉蛋糕，走很遠的路只爲喝一杯咖啡；一起向商販討價還價；又爲誰該送誰回家、誰該付多少錢爭論不已。無論做什麼事情，總是興興頭頭，開心有趣。就算張愛玲與胡蘭成熱戀時，胡也覺得與她們兩人相處時，自己笨拙多餘。由此也可想見張愛玲與炎櫻聚到一處時，總有說不完的話，總有她們自己覺得可笑有趣的事情。

我要是個男人就好了，給你省了多少事

兩個人好到什麼程度了？從炎櫻對張愛玲與胡蘭成談戀愛的態度可見一斑。公共汽車上，張愛玲揀她們一隻手吊在公共汽車的皮圈上時，輕快地說自己愛上了有婦之夫胡蘭成，不給炎櫻發作的機會。炎櫻聽了氣憤地說：「第一個突破你的防禦的人！你一點女性本能的手腕也沒有！」大有恨鐵不成鋼之意。隨即又笑道：「我要是個男人就好了，給你省了多少事。」同性只有好到一定的程度，才會對對方擇偶一事評頭論足吧！

炎櫻不諳中文，中國話說不了幾句，漢字也認識不了幾個。因爲在完全不同的背景下長大，她對中國的一切充滿好奇。

她跑到蘇州聽評彈，居然聽得津津有味。

在馬路上走著，一看見店鋪招牌，大幅廣告，她便停住腳來研究，隨即高聲讀出來：「大什麼昌。老什麼什麼。『表』我認得，『飛』我認得——你說『嗚』是鳥唱歌；但是『表飛嗚』是什麼意思？『咖啡』的『咖』是什麼意思？」

炎櫻也頗有做作家的意思。除了積極學習中文，還曾將自己的隨感和身邊趣事寫下來。不會中文不打緊，張愛玲欣然效勞。她將炎櫻好幾篇小文，《死歌》、《女裝、女色》、《浪子與善女人》由英文翻譯成中文，替她在《天地》、《苦竹》等雜誌上發表。

炎櫻文中自然少不了要提到張愛玲。她在《浪子與善女人》中寫到張愛玲成名後，她們上街就不如原來隨意自在了。在街上走著，就有一群女學生跟在後面喊著張愛玲的名字。頗像現在明星出行，後面有若干粉絲的架勢。更有一次，一個外國紳士尾隨其後，慌張自喃著。炎櫻差點掏錢出來，把別人當成乞丐。原來人家囁嚅著是想請張愛玲在他的雜誌上簽名。

炎櫻行文俏皮機智，快言快語。與張愛玲情趣相投，加上張愛玲的翻譯，文風上隨處可見張愛玲的影子。她談藝術、談女人、談服飾，幽默犀利竟不下張愛玲。

從前有許多瘋狂的事現在都不便做了，譬如我們喜歡某一個店的栗子粉蛋糕，一個店的奶油鬆餅，另一家的咖啡，就不能買了糕和餅帶到咖啡店去吃，因爲要被認出，我們也不願人家想著我們是太古怪或是這麼小氣地逃避捐稅，所以至多只能吃著蛋糕，幻想著餅和咖啡；然後吃著餅，回憶到蛋糕，做著咖啡的夢；最後一面啜著咖啡，一面冥想著蛋糕與餅。

《無花果》裡面談到「中國女人在男子大衆的眼光裡是完結得特別快」，反對將女人形容爲花，認爲她所見到的女人多是無花果。「花與果同時綻開了，果實精神飽滿，果實裡的花卻是壓縮的，扭曲的，都認不出是花了。」

關於蘇青的衣著，炎櫻說：「線條簡單的於她最相宜。」

把大衣的翻領首先去掉，裝飾性的褶子也去掉，方形的大口袋也去掉，肩頭過度的墊高也減掉。最後，前面的一排大紐扣也要去掉，改裝暗扣。

她們一起談天說地，從男女私情談到服飾文化，從東西差異到聖誕會上的遊戲、相熟的某一個人。

也許因爲她們相識時只有十八、九歲，相互間更容易交心、知心。這份少女的美好情誼一直存在於兩個人間。大陸解放前後，張愛玲和炎櫻相繼離開，後來又在美國碰面。張愛玲初到美國投身的救世軍收容所，也是炎櫻幫她聯繫的。其間，張愛玲在美國完成了《同學少年都不賤》。文中描述的兩個中學時代的女孩子，成年後各自迥然的命運，及其人情冷暖。不知道這個故事，是不是她與炎櫻後面人生的寫照。

一九九五年八月炎櫻在紐約去世。九月，張愛玲在洛杉磯租住的公寓內去世。

時隔兩人認識的那個輪船起航的一九三九年，從兩小無猜，到同學少年都不賤（意指誰也不比誰差），再到最後的殊途同歸，正好五十六年。

6 這個男人不能愛

早期的靜安寺一景。

二〇一一年九月十二日，農曆八月十五。我在短信上看到一句話：「明月常在，現世安康。」突然又想起張愛玲，想起她急聲責問胡蘭成：「你與我結婚時，婚帖上寫現世安穩，你不給我安穩？」

人生的快樂就在那一撒把

我記得兒時一次踏青歸來，哥哥騎著自行車馱著我衝在前面。正逢一段陡峭的下坡路，他居然兩手脫把加速往下衝。我嚇得緊閉雙眼死抱住他，不斷央求他停下來，可哥哥非但沒減速，反而按著車鈴越騎越快。終於，在坡底他停下來。自行車擱在地上，車龍頭都快散架，車輪子似乎都在冒煙。我氣得臉色發綠，一邊摟著自己發麻的屁股，一邊狂甩耳朵想把他一路刺激的尖叫趕出去。

我打算這輩子都不再理他。可一扭頭，看到的卻是哥哥喜悅興奮自豪的、熱得流汗發紅的小臉。

那時，坐在自行車後，被山石子路硌（ㄍㄜˋ）得屁股生疼的我，是無法體會哥哥急速飛馳、縱情任意的快樂的。兩手脫把，放肆一搏，這樣的危險正因爲刺激而尖銳快樂。

而人生有些快樂往往也與此相似，都在那一痛快的撒把上。

這個痛快是什麼？就是劍走偏鋒、快意江湖、義無反顧，一切跟著心走。任他世俗險惡，任他流言蜚語。什麼命運中的「惘惘的威脅」，什麼過去，什麼將來，一切都拋到腦後，只要眼前這個人。

二十二歲還沒談過戀愛的九莉，覺得這一段時間與生命裡無論什麼別的事都不一樣，恍如沉浸在金色的永生中，讓她不顧一切，即使之雍被說是漢奸，即使他是有婦之夫……

這人就是——胡蘭成。

一九四四年二月四日，胡蘭成來到上海靜安寺路上的愛丁頓公寓。張愛玲的地址是他管蘇青要的。蘇青知道張愛玲等閒人不見，住處祕而不宣，只有極少的幾個人知道。但胡蘭成執意要。蘇青遲疑了一陣終還是把張愛玲的地址寫給他。

我也眞佩服這個老男人，記憶力這麼好？幾十年後在臺灣寫下關於張愛玲的

回憶時，仍然一字不落地錚錚（ㄓㄥ ㄓㄥ）寫下：靜安寺路赫德路口一九二公寓六樓六五室。我都有點懷疑，他是不是對於張愛玲的每一件事都刻意記憶，就盼著日後拿來得瑟（北方話，譏人不值得一提的事卻露出得意的樣子）混飯吃？

胡蘭成拿著張愛玲的地址如獲至寶，翌日登門拜訪。張愛玲還是那一貫的作風，他自然吃了個閉門羹。與張愛玲曾有交往，後來因爲發表了一篇《論胡蘭成論張愛玲》的遊戲文章，以「幽他一默」的姿態，把胡蘭成和張愛玲都大大地調侃了一場，終而和張愛玲鬧翻了的潘柳黛，生動地描畫過張愛玲的孤介脾氣：

如果她和你約定的是下午三點鐘到她家裡來，不巧你若時間沒有把握準確，兩點三刻就到了的話，那麼即使她來爲你應門，還是照樣會把臉一板，對你說：「張愛玲小姐現在不會客。」然後把門嘭的一聲關上，就請你暫時嘗一嘗閉門羹的滋味。萬一你遲到了，三點一刻才去呢，那她更會振振有詞的告訴你說：「張愛玲小姐已經出去了。」

這次張愛玲不見胡蘭成倒不是成心孤高，而是她本就是一個愼重的人。這份愼重其實就是她骨子裡對人生的虔誠。所以每一件事她都得準備好了才行。衣服沒有穿對，妝容沒有畫好，果盤沒有擺好，讓她看來，怎麼見客？

> 她但凡做什麼，都好像在承擔一件大事，看她走路時的神情就非同小可，她是連拈一枚針，或開一個關頭，也一臉理直氣壯的正經。

你還眞的不得不服胡蘭成，他看她還是有獨到之處。《今生今世》裡面，他把張愛玲眞眞寫得就是一個獨一無二的張愛玲。

而那潘柳黛，若干年後，僅僅因爲寫過關於張愛玲的一兩篇文章，才得以讓人認識。據說張愛玲一九五二年到香港後，有人向她談起潘，她還餘怒未消地跟人說：「潘柳黛是誰？我不認識她。」也難怪她生氣，潘柳黛之流無非就是得瑟點張愛玲的八卦混版面。

這次，張愛玲閉門不見。她僅從門洞裡張望了一下這個男人，「眉眼很清秀，國語說得有點像湖南話」，遂讓他留下名片。胡蘭成是不帶名片的，寫下一紙條從門洞裡遞進去。

眞是命運的巧合麼？如果僅僅是一張印刷好的名片，我想張愛玲看著那冷冰冰的形式化的姓甚名誰，說不定隨手一擱，哪還有這以後的驚濤駭浪。偏偏這個男人字如其人。說瀟灑也好、飄逸也好、風流也好、輕浮也好，張愛玲有點著了他的道。

隔了一日，午飯後，張愛玲照著字條上的電話打去。電話一掛，人也隨即來到。

此時張愛玲對胡蘭成其人是略有所知的。《小團圓》中說，這個汪政府的官，在雜誌上寫了篇評論她的文章。這篇評論自然寫得滿目生花、天花亂墜，不過某些批評對於初入社會的張愛玲來說還是很中聽的，覺得是知己。後來，聽說他在南京下獄，同蘇青去過一趟周佛海家。日後張愛玲說，這次「營救」就是

「在做白日夢」。

當然，這些都是未曾謀面的類似知遇之恩的衝動。

低到塵埃

日後的傷痛，是從胡蘭成在大西路上的美麗園開始的。

一九四四年二月六日，兩人第一次見面。

胡蘭成沒有想到張愛玲的個子這麼高，甚至比他都還高一點。而且「像十七、八歲正在成長中，身體與衣裳彼此叛逆」。似乎「連女學生的成熟亦沒有」，更不像個作家。一點都不世故，也不會應酬，反而像沒見過世面只管一言不發。

胡蘭成禁不住在張愛玲面前得瑟賣弄，「向她批評今日流行作品，又說她的文章好在哪裡，還講我在南京的事情……」，「而且問她每月寫稿的收入……」

但凡在陌生的環境張愛玲都是怯場的。只不過有時她的這種怯場表現出來的是理直氣壯的沉默。因而碰到這個誇誇其談的演講者，她樂於當聽眾。人說她聽，她便感到自在。

這一聽，就是五個小時。事後有人說這漫長的五個小時，使雙方都有了戀戀之意。我倒覺得面對口沫橫飛的胡蘭成，不慣於應酬的張愛玲曾想告退又不知如何不著痕跡地告退，只得耐著性子聽下去。好在，作爲作家的她，也一貫有向生活取材的好奇。

後來，胡蘭成送她到弄堂口。兩人並肩走。胡蘭成說：「你的身材這樣高，這怎麼可以？」張愛玲很詫異，幾乎要起反感。初次見面，這樣的問話唐突又輕浮。何曾有哪個男人這樣對她說過話？

從胡蘭成事後對幾個與他有關係的女子的回憶來看，他在沒有經驗的女子面前，慣有一種從容自信的撩撥伎倆，很有幾分貓咪玩弄老鼠的自得。可惜，這個寫了那麼多婚姻、戀愛故事，把人事剖析得清晰明白的張大小姐，之前卻沒有過一次戀愛的經歷。當她事後慢慢品味胡蘭成這句話時，當別有一番滋味在心頭。

胡蘭成的撩撥其實是不帶感情的，於他只是一種慣常的手段，中招的人服帖上來，他不會拒絕。面對有抵抗力的人，他自然悻悻，但也無可奈何。所幸他只

是好色之徒，還沒窮兇極惡。他說他喜歡兩種人：一種是女人，一種是壞人。有時候眞的很反感這個男人，看他滿紙「亦」這裡「亦」那裡，「端然」這裡「端然」那裡，覺得做作。還有那些炫耀般地記下與每個女人的戀情，眞幸運他不是生於咱們這個年代，否則他會不會像那個「李局長」般也弄幾本香豔日記出來？

日後當二人有了那麼一層關係後，胡蘭成回過頭來看自己當年的這一句時，忍不住自讚「只這一聲就把兩人說得這樣近，張愛玲很詫異，幾乎要起反感了，但是眞的非常好。」

第一次見面後，胡蘭成對於張愛玲的驚奇差異之意更多於愛慕之情。因爲張愛玲這個人與他心目中對這個作家的猜想完全不同。不美、生怯、沉默，與她的才華橫溢、流光溢彩的文章比起來，簡直就不是一個人。張愛玲把他的既成概念統統打翻，單就這份驚異足以讓他第二天巴巴地再度叩響張愛玲的大門。

這次，張愛玲在自家的客廳接見了這個鄉下胡村來的胡姓男子——胡蘭成。

這麼寫，不是瞧不起胡村來的人。而是這個一直夢想飛黃騰達、躋身名流，特別愛標榜自己的男人，在張愛玲這裡，受到了比第一次見面更大的震撼。自此，他巴巴地貼上來，張愛玲再也甩不脫他。

她房裡竟是華貴到使我不安，那陳設與傢俱很簡單，亦不見得很值錢，但竟是無價的，一種現代的新鮮明亮斷乎是帶刺激性。陽臺外是全上海在天際雲影日色裡，底下電車噹噹地來去。張愛玲今天穿寶藍綢襖褲，戴了嫩黃邊框的眼鏡，越顯得臉兒像月亮。三國時東京（指中國古都洛陽，西京則指長安）最繁華，劉備到孫夫人房裡竟然膽怯，張愛玲房裡亦像這樣的有兵氣。

據說，偶爾有文化人到這裡來一坐，也覺得「不可逼視」，不可久留。這回輪到胡蘭成不安了。

不過，他倒是一坐坐很久，仍然是侃侃而談。談理論、談自己的生平。張愛玲只管聽。胡蘭成又問了她祖父張佩綸與李鴻章的女兒李菊耦婚配的事情。

胡出身寒門，雖說做了汪僞的「高官」，也是一個破落暴發相。他管蘇青要張愛玲地址的那天，蘇青陪他上街吃蛋炒飯。從他吧唧吧唧扒飯中，蘇青就說一看他的吃相就知道他是哪裡來的。

就這樣一個人，卻想方設法地標榜自己。張愛玲祖上的光環於他而言，實在是太大的誘惑。她的家世令他驚羡，覺得自己靠近張愛玲臉上都有光。後來他逢別人誇耀門第時，便要抬出張愛玲的貴族出生來鎮人，頗爲自得。他還跑到南京專門去看過張愛玲祖上的老宅。當他故作追古憶今的姿態在那宅前流連時，心中可能正蹦跳著中獎的狂喜。連作爲漢奸倉皇「逃難」時，還化名張嘉儀，冒充張佩綸的後人，使那些鄉學之士說他家學淵博，對他另眼相看。

看來，張愛玲的這些祖祖輩輩他是吃定了。連張愛玲他都吃了一輩子。要不是因爲有張愛玲，那本被推崇也好、被詬病也好、被當成隱私窺看也好的《今生今世》哪有這麼多人搭理！

這次與張愛玲見面，談話由淺及深，張愛玲在自己熟悉的環境下也放開自己，讓自己的才智盡情奔瀉。所以胡蘭成會說：「但我使盡武器，還不及她的只是素手（空手的意思）。」單這些就讓胡蘭成驚異之外更有驚喜。而當他談到張愛玲祖父祖母的姻緣時，張愛玲把她祖母寫的詩抄給胡蘭成看，還說她祖母並不怎麼會作詩，這一首應該是她祖父作的。張愛玲所言，更讓胡蘭成大跌眼鏡，他巴巴羨慕的東西人家並不當回事兒。張愛玲這樣破壞佳話，讓這個喜歡也願意製造佳話的老男人瞠目結舌。這會兒，胡蘭成由驚異到驚喜再到驚羨，他對張愛玲生出了攀附愛慕之心。

回去後，胡蘭成給張愛玲寫了第一封信。此信寫得頗似「五四」時代的新詩，「幼稚可笑」。張愛玲素不喜這種矯揉造作的新文藝腔，看後覺得詫異。但信中稱張愛玲謙遜，「卻道著了她」。

認識張愛玲的人恐怕沒有一個人會說她謙遜，大家無外乎都覺得她冷漠孤傲。但是她卻認爲自己對人生對現世有一種虔誠，這也是她所理解的「謙遜」，她回信給胡蘭成，就是那句日後廣爲流傳，QQ空間裡面隨便跳上來一個矯情的

女生都要念叨的——「因爲懂得，所以慈悲」。

「懂得」二字，在張愛玲這裡非同小可，輕不許人。「解鈴還須繫鈴人」，胡蘭成就是她的「解人」了。

從此我每隔一天必去看她，才去看了她三四回，張愛玲突然很煩惱，而且淒涼。女子一愛了人，是會有這種委屈的。她送來一張字條，叫我不要再去看她，但我不覺得世上會有什麼事沖犯，當日仍又去看她，而她見了我亦仍有歡喜。以後索性變得天天都去看她了。

胡蘭成閱人既多，在男女之情上一貫自私、實用，爲「利」而行。這個「利」，是利他自己的意思，根本不會爲張愛玲設身處地。可能看著這種紅遍上海灘的小作家純情楚楚的可憐兮兮，他難免有貓捉老鼠的自得吧？

所以他當天又去看她，不解釋不表白。於他，或許有繼續「談文學、談人生、談理想」的目的，但也不失爲一種伎倆。這不言中，似乎就是一種證明。雖

不明說，但張愛玲已全盤默許了他。

第二天，張愛玲把昨日胡蘭成說起登在《天地》上的那張照片，取出給他。背後寫有字：

> 見了他，她變得很低很低，低到塵埃裡，但她心裡是歡喜的，從塵埃裡開出花來。

這也是今天關於張愛玲，轉載、引用頻率最高的一句「名人名言」。

關於這張照片，胡蘭成在《今生今世》裡面，有一段解釋。胡蘭成慣會說東指西，左右而言他。毫不相干的事情，他也要作高深莫測狀捆綁在一起。看他的文字有時候看得人頭暈，覺得這個男人真牛X（牛，大陸用語，誇人很厲害，此含諷刺意味；X，時下年輕人略帶鄙夷的用字），真能瞎掰。照現在的話來說，就是他實在是太會忽悠（煽動蠱惑，引人去做）人了。

純情的少女，如果又是文學青年，完了，肯定吃他這一套。《小團圓》裡張愛玲就寫道：「她狂熱的喜歡他這一向產量驚人的散文。」她也是直到看白他這個人，才解了套的。

她再看到之雍的著作，不欣賞了。是他從鄉下來的長信中開始覺察的一種怪腔，她一看見「亦是好的」就要笑。讀到小康小姐嫁了人是「不好」，一面笑，不禁皺眉，也像有時候看見國人思想還潮，使她駭笑道：「唉！怎麼還這樣？」

有鳳來儀前世今生

胡蘭成去南京，一個月裡回上海一次，住上八、九天，晨出夜歸只看張愛玲。兩人伴在房裡，從人生到藝術、歷史、戲文、瑣事八卦無所不談。談得最多的還是文學藝術，古今中外，無所不談。胡蘭成說張愛玲「把現代西洋文學讀得最多」。張愛玲常將蕭伯納、勞倫斯等人的作品講給他聽。胡沒有喝過洋墨水，張的英文又極好，他自然是驚嘆。兩人還一同看畫冊、談音樂，張愛玲都能娓娓道來，如數家珍。何況張從小學習美術和鋼琴，這些淑女式的教養，都讓胡蘭成驚羨。

沒想到論到他自以爲是的中國古典文學，他竟也不是張愛玲的對手。

> 我認爲中國古書上頭我可以向她逞能，焉知亦是她強。兩人並坐同看一本書，那書裡的字句便像街上的行人只和她打招呼……

我們兩人在一起時，只是說話說不完。在愛玲面前，我想說些什麼都像生手拉胡琴，辛苦吃力，仍道不著正字眼，絲竹之音亦變爲金石之聲，自己著實懊惱煩亂，每每說了又改，改了又悔。

說胡蘭成對張愛玲入了迷、著了魔，並不爲過。他簡直認爲她無所不知，看她一切皆爲好。「……只覺坐立不安，心裡滿滿的，想要嘯歌，想要說話，連那電燈兒都要笑我的。」儼然一個墜入情網的男子形象。

可是天下人要像我這樣喜歡她，我亦沒有見過。誰曾與張愛玲晤面說話，我都當它是件大事，想聽聽他們說她的人如何生得美，但他們竟連貫會的評頭品足亦無。她的文章人人愛，好像看燈市，這亦不能不算是一種廣大到相忘的知音，但我覺得他們總不起勁。我與他們一樣面對著人世的美好，可是只有我驚動，要聞雞起舞。

關於這段戀情，不得不依託胡蘭成的《今生今世》，因爲張愛玲一直對此諱莫如深。《今生今世》極度渲染自己的幾段戀情，天花亂墜的筆法把每個女子都寫得仙女一般，且對自己一往情深。雖是自言，但畢竟是當事人，總有幾分是眞的。後人只能從中去看究竟。

沒想到，在兩人去世後，一本《小團圓》石破天驚。雖然，這是一部小說，但誰都能看出這次張愛玲是以自己的人生爲底版，寫來的事情莫不可與當年的那些人那些事對號入座。絕大多數人，都把這本當年張愛玲猶豫要不要出版，最終在有生之年沒有面世的書，當成張的自傳來讀。

他走後一煙灰盤的煙蒂，她都揀了起來，收在一隻舊信封裡。

時間變得悠長，無窮無盡，是個金色的沙漠，浩浩蕩蕩一無所有，只有嘹亮的音樂，過去未來重門洞開，永生大概只能是這樣。

我總是高興得像狂喜一樣……

張愛玲比胡蘭成小十五歲，照理說兩人在一起，應該是她受對方影響更多。然而從張愛玲的人生觀到審美趣味，我們都看不到胡蘭成留下的一絲痕跡。事實恰好相反，倒是張愛玲對胡蘭成影響至深。

她對我這樣百依百順，亦不因我的緣故改變她的主意。我時常發過一陣議論，隨又想想不對，與她說：「照你自己的樣子就好，請不要受我的影響。」她笑道：「你放心，我不依的還是不依，雖然不依，但我還是愛聽。」她這個人呀，眞眞的像天道無親（意指上天的法則是公正無私的）。

當年胡蘭成寫《論張愛玲》，文風就有所變化。兩人相識後，他效仿張愛玲對人對事的體悟方式，寫下許多隨筆。他那本個人「情感史」開篇序中說「《今生今世》是愛玲取的書名。」

我在愛玲這裡，是重新看見了我自己與天地萬物，現代中國與西洋可以

> 只是一個海晏河清。《西遊記》裡唐僧取經，到得雷音（佛教中指佛說法時宏大的聲音）了，渡河上船時艄公（船尾掌舵的人。艄，音ㄕㄠ）把他一推，險些兒掉下水去，定性看時，上游頭淌下一個屍身來，他吃驚道，如何佛地亦有死人，行者答師父，那是你的業身，恭喜解脫了。我在愛玲這裡亦有看見自己的屍身的驚。我若沒有她，後來亦寫不成《山河歲月》。

然而熱戀中的張愛玲是快樂的。胡蘭成錦心繡口、巧舌如簧，讚美張愛玲的話一籮筐一籮筐的。女子在戀愛時總是傻的，這次張愛玲也傻了一回。也不得不承認胡蘭成的確聰明，不僅能聽得懂張愛玲的話，還能將她的意思引申發揮。這樣說起話來，熨帖舒坦，像張愛玲這麼聰明的女子，當然歡喜。「獨孤求敗」有什麼意思，還是有人懂得更幸福！

張愛玲也像小女生一樣，熱烈起來、順從起來、嬌美起來，與其他戀愛中的女子別無二樣。

我愛看她穿那雙繡花鞋子，是她去靜安寺廟會買得的，鞋頭連鞋幫繡有雙鳳，穿在她腳上，線條非常柔和。她知我歡喜，我每從南京回來，在房裡她總穿這雙鞋。

我與愛玲亦只是男女相悅，《子夜歌》裡稱「歡」，實在比稱愛人好。兩人坐在房裡說話，她會只顧孜孜（自顧自，不管別人怎麼樣。孜孜，形容詞後綴，無義）地看我，不勝之喜，說道：「你怎這樣聰明，上海話是敲頭頂，腳底板亦會響。」後來我亡命雁蕩山時讀到古人有一句話「君子如響」，不覺地笑了。她如此兀自歡喜得詫異起來，會只管問：「你的人是真的麼？你和我這樣在一起是真的麼？」還必定要我回答……

她只管看著我，不勝之喜，用手指撫我的眉毛，說：「你的眉毛。」撫到眼睛，說：「你的眼睛。」撫到嘴上，說：「你的嘴。你嘴角這裡的渦我喜歡。」

「你這個人嘎，我恨不得把你包包起，像個香袋兒，密密的針線縫縫好，放在衣箱裡藏藏好。」

張愛玲後來在美國看到胡蘭成的這本回憶錄，寫給夏志清的一封信裡提到過一句。

胡蘭成書中講我的部分纏夾得奇怪，他也不至於老到這樣。不知從哪裡來的quote我姑姑的話，幸而她看不到，不然要氣死了。後來來過許多信，我要是回信勢必「出惡聲」。

但無論怎樣，兩人當年還是熱戀了。

兩人出生不同、成長環境互異、經歷懸殊、性情迥然，但又都擅長文學藝術。乍一相逢，簡直像「……蔥綠配桃紅，是一種參差的對照。」這樣的衝撞，簡直就是一連串的刺激，讓他們在驚異中有莫名的興奮，有咂舌的喜悅。兩人的關係從一開始就像在坐過山車，驚險又驚喜，獨獨不平實。

世人多知惡的東西往往有大威力，如云惡煞，會驚得人分開頂門骨，轟

去魂魄，不知好的東西亦可以有大威力，它使人直見性命，亦有這樣的驚。佛經裡描寫如來現相，世界起六種十八相震動，竟像是熱核炸彈投下的震動。但惡煞的威是威嚇，驚是驚怖，使人藐小，好的東西則威如祥麟威鳳的威，驚是驚喜，使人飛揚。

胡蘭成在《今生今世》中，搶先道出了這種感覺。

而張愛玲在《自己的文章》中的一段話，倒可以用來給兩人的這段戀情當一個注腳。

壯烈只有力，沒有美，似乎缺乏人性。悲壯則如大紅大綠的配色，是一種強烈的對照。但它的刺激性還是大於啓發性。蒼涼之所以有更深長的回味，就因爲它像蔥綠配桃紅，是一種參差的對照。我喜歡參差的對照的寫法，因爲它是較近事實的。

真是一語成讖。

本來在與胡蘭成的關係上，張愛玲一直是「小三」身分。沒想到「占上坑」的那位應英娣首先忍受不下去，一腳離開了胡蘭成。這個應英娣是個歌女，年輕又美貌。或許她覺得留下來聽胡蘭成那種上天入地、東拉西扯的三美四美的言論，還不如自尋出路來得實際。

胡蘭成在《今生今世》裡面這樣說：「但英娣竟與我離異。」這個「竟」字用得好生詫異。或許，風流才子、自負自喜的胡蘭成，實在想不通會有女人捨得離開他。

是年胡蘭成三十八歲，張愛玲二十三歲，寫下婚書。幽默的是，這婚書只有一份。《小團圓》中這樣描摹：

之雍……問她有沒有筆硯，道：「去買張婚書來好不好？」

她不喜歡這些祕密舉行結婚儀式的事，覺得是自騙自。但是比比帶她到

四馬路繡貨店去買絨花，看見櫥窗裡有大紅龍鳳婚書，非常喜歡那條街的氣氛，便獨自出去了，乘電車到四馬路，揀裝裱與金色圖案最古色古香的買了一張，這張最大。

之雍見了道：「怎麼只有一張？」

九莉怔了怔道：「我不知道婚書有兩張。」

她根本沒想到婚書需要「各執一份」。那店員也沒說。她不敢想他該作何感想——當然認爲是非正式結合，寫給女方作憑據的。舊式生意人厚道，也不去點穿她。剩下來那張不知道怎麼辦。

路遠，也不能再去買，她已經累極了。

之雍一笑，只得磨墨提筆寫道：「邵之雍盛九莉簽定終身，結爲夫婦。歲月靜好，現世安穩。」因道：「我因爲你不喜歡琴，所以不能用『琴瑟靜好。』」又笑道：「這裡只好我的名字在你前面。」

兩人簽了字。只有一張，只好由她收了起來，太大，沒處可擱，卷起來又沒有絲帶可繫，只能壓箱底，也從來沒給人看過。

婚後，胡蘭成這樣說：

我們雖結了婚，亦仍像是沒有結過婚。我不肯使她的生活有一點因我之故而改變。兩人怎樣亦做不像夫妻的樣子，卻依然一個是金童，一個是玉女。

他還是每次回上海就去她那裡盤桓。在愛丁頓公寓六樓六五室，兩人一起讀書賞畫論詩，煮酒談笑，也一起去菜場（即菜市場），一同出席會議。用胡蘭成的話說，他們是「同住同修，同緣同相，同見同知」。銀錢上，兩人各用各的。胡蘭成只給過她一點錢，張愛玲拿去做了一件皮襖，天冷時鼻子摩擦在上面，像狗鼻子一樣，有著冰涼的快樂。「因爲世人都是丈夫給妻子錢用，她也要。」

用別人的錢，即使是父母的遺產，也不如用自己賺來的錢自由自在，良心上非常痛快。可是用丈夫的錢，如果愛他的話，那卻是一種快樂，願意想

自己是吃他的飯，穿他的衣服。那是女人的傳統權利，即使女人現在有了職業，還是捨不得放棄的。

日本人大勢已去即將投降，胡蘭成成日惶惶，如大禍臨頭。他知道屆時等待著汪僞政府的也只有樹倒猢猻散的命運。他覺得頭兩年裡勢必要改名換姓，躲起來。

愛玲道：「那時你變姓名，可叫張牽，又或叫張招，天涯地角有我在牽你招你。」

胡蘭成PK陳世美

一九四四年十一月，胡蘭成到武漢，接《大楚報》。實際上是去創辦一個軍事學校，幻想以後在湖北搞一個大楚國。

漢陽醫院有女護士六、七人，其中有一個見習護士叫小周，才十七歲。

> 我不覺得她有怎樣美貌，卻是見了她，當即浪花浮蕊都盡……

他對小周做起桃色夢。小周遂而墜入情網，並最終委身於他。胡蘭成那種有意無意、曖昧撩撥，又是一坐能談很久的「口技」再次所向披靡。

他本身就是到處留情的名士作風，這次就算沒有小周，也會有其他「小王」、「小李」、「小趙」出來。他自稱「憬然思省」，但思省一大通，既不認為自己做錯，也不能自圓其說。對此他又是慣有的胡攪蠻纏的解釋：男女相悅婚

配，乃天經地義，天命難違，於他是無可奈何，身不由己。

眞眞個讓人對他無語啊！

一九四五年三月，胡蘭成回到上海。

我與愛玲說起小周，卻說的來不得要領。一夫一妻原是人倫之正，但亦每有好花開出牆外，我不曾想到要避嫌，愛玲這樣小氣，亦糊塗得不知道妒嫉。

張愛玲哪是不妒嫉？這月出版的《天地》上有她的一篇《雙聲》，記她和炎櫻的對談，裡面就說到妒嫉。

隨便什麼女人，男人稍微提到，說聲好，聽著總有點難過，不能每一趟都發脾氣。而且發慣了脾氣，他什麼都不對你說了，就說不相干的，也存著

戒心，弄得沒有可談的了。我想還是忍著的好。脾氣是越縱容脾氣越大。忍忍就好了。

同時她也告訴胡蘭成，有一個外國人想「包養」她。胡蘭成聽了不快，也是因張愛玲說這件事時竟沒有一點反感。胡蘭成回憶這一段時，又用了一個「竟」字。似乎這世上只有他做的事情，才是天地常情。天地迢迢，總能爲他的所作所爲找到理由。而別人的一切，只要與他有所出入，就都是不容常理的。

張愛玲爲什麼偏偏要在胡說了小周之事後給他說這件事情？一方面或許她覺得這事沒有必要避嫌，一方面或許也是心痛之時甩出來的一件武器。你讓我心痛了，我也讓你嘗嘗心痛的滋味。

九莉坐在視窗書桌前，窗外就是陽臺，聽見之雍問比比：「一個人能同時愛兩個人嗎？」窗外天色突然黑了下來，也都沒聽見比比有沒有回答。大概沒有認眞回答，也甚至當是說她，在跟她調情。

比比去後，九莉微笑道：「你剛才說一個人能不能同時愛兩個人，我好像忽然天黑了下來。」

這才是張愛玲內心的眞實感受。而胡蘭成是「初聽不快，隨亦灑然」。

這件事情，張愛玲並沒有和他深究，或許她更想珍惜相聚的短暫時光，兩人表面上還是一如既往。

同年五月，胡蘭成再次回到漢陽。

飛機場下來，暮色裡漢口的閭閻（ㄌㄩˊ ㄧㄢˊ，里巷的大門，泛指里巷）炊煙，是我覺得眞是歸來了。當下我竟是歸心如箭，急急渡過漢水……

離開張愛玲時，倒看不出他有這樣的離愁別緒。顯然此時他的情感更多地傾

向漢陽。

此後，他與小周談婚事，稱謂也不叫「小周」，改叫「訓德」了。

> 我因為與愛玲亦且尚未舉行儀式，與小周不可越先，且亦顧慮時局變動，不可牽累小周。這事其實難安排，可是我亦不煩惱。

在他心裡，一妻一妾的格局已經安排好。他的「難安排」也僅是技術層面上的，心裡面他還是自負自喜，覺得一切順心。

胡蘭成大周訓德二十二歲，他教小周讀唐詩讀樂府，似乎在提前享受中國讀書人老來喜教姨太太讀書的嗜好。小周給他一張照片，胡要她題字，小周畢竟不是張愛玲，自己原創不出來，遂題了前日讀過的隋樂府詩。

> 春江水沉沉，上有雙竹林。
> 竹葉壞水色，郎亦壞人心。

眞眞一個似嗔似喜嬌媚乖巧。胡蘭成對於張愛玲更多的是仰慕她「橫絕四海」的豔，愛她豔中的石破天驚。對於小周，他喜歡她少女的本色天眞，喜歡看她淘氣、撒嬌、負氣，更喜歡她崇拜他，爲他洗衣、熬藥，伺候一旁。

單這一點上，張愛玲就敗給了小周。仰望時間長了，脖子是要痠的。哪個男人不希望自己被崇拜，不希望自己高高在上扮演大丈夫的角色？雖然張愛玲在《小團圓》中寫道，九莉聽到之雍說那小護士給他洗衣等事時，九莉不無在心裡幽怨地想：這樣如果你要我做，我也可以做的。

張愛玲自己也說過「女人要崇拜才快樂，男人要被崇拜才快樂」。世間的道理她都懂。她也不要一個男人在她面前唯唯諾諾、誠惶誠恐、服低做小。就算在這樣的男人面前做「女皇」，也憋屈，哪還有人生的飛揚？

她的男人必有她可以仰慕欣賞之處。對於胡蘭成，她有時不無快意地把自己轉化成謙卑崇拜愛慕的角色。說自己「很低很低」，悄悄地靜靜地觀察胡蘭成，寫出崇拜的喜意。

他一人坐在沙發上，房裡有金粉金沙深埋的寧靜，外面風雨琳琅，漫山遍野都是今天。

但這些刻意的順從，甚至是屈仰，並不讓胡蘭成輕鬆。談史議今、說文論藝，胡蘭成都自愧不如，何況張愛玲身上還有最讓胡蘭成羨慕的貴族出身。但凡張愛玲的一切都讓他「如承大事」，時間久了，只怕吃不消。

胡蘭成在不諳世事的小周那裡自然輕鬆自在。

一日，胡蘭成和小周正在房裡，突然飛機用機關槍掃射。他們避到後間廚房，又是一陣槍響，飛機的翅膀險些把屋頂都帶翻了。說時遲，那時快，小周一把把胡蘭成拖進灶間堆柴處，以身掩胡蘭成。

生死一發之際，她這樣的剛烈爲我，可以沒有選擇，如天如地……

一九四五年八月十五日，日本天皇頒布投降詔書。晌午時分，胡蘭成走在江漢路街上，聽見廣播，驚得一身大汗。但他仍然做著「大楚國」的夢，積極策劃活動，與二十九軍軍長鄒平凡宣布武漢獨立，擁兵數萬，還想成立武漢軍政府。不僅拒絕國民黨方面要他歸順的要求，也拒絕中共方面讓他棄暗投明的規勸。他還是一貫的狂妄自大。不料，沒幾天他手下人馬便分崩離析，大多歸順重慶。「獨立」了十三天的武漢，成為一場鬧劇，胡蘭成扮成日本傷兵，乘日本傷兵船逃離武漢。

離開之前，他湊足十兩金子，給小周，又把一包半食米送到小周家。

時已薄暮，醫院裡暝色荒愁，裝米的麻包有洞，抬出我房門外階沿時漏出許多米，訓德執燈，與我在地上撿米，一粒粒沉甸甸的，好像兩人的心意。

後來他聽說小周入獄，曾不顧張愛玲的勸說一度想趕去，只求回來救她。你

說，這讓當時就在他跟前的張愛玲作何想？當他逃到香港後，還寫信寄錢回來讓小周出來與他團聚。這個男人用情不專，情也不僞。只是他太能走一路愛一路了。

一九四五年八月，他先到南京，又回上海，後潛逃至杭州、溫州一帶。他冒充張佩綸的後人，化名張嘉儀，隱匿不出。

他與張愛玲在第二年二月才相聚。這一次，是張愛玲千里尋夫。

我從諸暨麗水來，路上想著這是你走過的。及在船上望得見溫州城了，想你就在著那裡，這溫州城就像含有寶珠在放光。

然而，張愛玲的出現並沒有讓這個男人心生感動，反而「一驚，心裡即刻不喜，甚至沒有感激」。

……幾乎粗聲粗氣罵她：「你來做什麼？還不快回去？」

雖然他的堂皇理由是「不欲拖累妻子，愛玲如此爲我，我只覺不敢當，而又不肯示弱」。那麼，當年他在上海報紙大張旗鼓地暗示他和張愛玲有著怎樣密切的關係時，就沒有考慮到日後張愛玲的處境嗎？現實卻是，他害怕張愛玲大動干戈地從上海跑來，暴露他的藏身地。並且他現在又有「一美」，正在享受他的溫柔鄉，關起門來儼然一個老太爺，哪裡還管得了張愛玲的感受。

胡蘭成無論逃到哪裡、怎樣的狀態，總要搭上女人。這次張愛玲過來，無論如何也想不到，胡蘭成又搭上了一個范秀美。

范秀美是胡蘭成躲避這姓斯人家的姨太太，十八歲守寡，比胡大一歲。胡蘭成在那一帶藏身不住時，是她自告奮勇要送他到溫州隱匿的。沒想到，這「千里送京娘」路上已經成其好事。

這次他並沒有把與范的事以實相告，「不是爲要瞞她，因我並不覺得有什麼

慚愧困惑」。這個胡蘭成實在是有點無賴了。

兩人表面上還是走街逛店，進寺觀看神像，有時並枕躺在床上說話。聽張愛玲說西洋文學、說《舊約》。但「親熱裡尙有些生分，自然如同賓客相待」。胡蘭成再次體會到張愛玲的錦心繡口，但與他目前的「此情此景」難以切題，才會心神不屬，如同賓客。

在張愛玲下榻的旅館裡，一日胡蘭成隱隱腹痛，卻自忍著，直到范秀美來了，胡蘭成才訴說身上不舒服。

愛玲當下很惆悵，分明秀美是我的親人。

直到這個時候張愛玲都沒有懷疑他兩人的關係。或許也是強迫自己糊塗，也是太在乎自己的這段感情。害怕失去，才能一次一次地原諒對方。

范秀美來旅館，張愛玲矯枉過正地極力敷衍，讚嘆范生得美，還給她畫像。

可惜，畫到一半突然停筆不畫了。雖然她一再地退讓，最終想不求甚解還是辦不到。

我畫著畫一陣難受，就再也畫不下去了，你還只管問我爲何不畫下去！

這言語間的委屈，全被胡蘭成當成驢肝肺（比喻壞心腸）了。

我從來不要愛玲安慰我或原諒我，更沒有想到過我來安慰愛玲，因爲兩個都是大人。

瘋人的邏輯：三美四美小團圓

張愛玲與炎櫻談到多妻主義時，自己有一番冷靜理智的態度。

> 如果另外的一個女人是你完全看不起的，那也是我們的自尊心所不能接受。如果也許你不得不努力地在她裡面發現一些好處，使得你自己喜歡她。

張愛玲一眼就能看出胡蘭成只是把范秀美當做庇護自己的安全外衣。

> 她不怪他在危難中抓住一切抓得住的。

但那個小周，胡蘭成對她的喜愛體貼照顧，都在自己之上。她讓胡蘭成在小周與自己之間作一個選擇。

胡蘭成又是那一貫的七拉八扯搪塞。

我待你，天上地上，無有得比較，若選擇，不但於你是委屈，亦對不起小周。人世迢迢如歲月，但是無嫌猜，按不上取捨的話。而昔人說修邊幅，人生的爛漫而莊嚴，實在是連修邊幅這樣的餘事末節，亦一般如天命不可移易。

這次張愛玲卻不能接受他這樣的態度，《小團圓》裡面，她覺得胡蘭成的解釋「不是詭異，是瘋人的邏輯」。情急中，她痛苦地責問：「你與我結婚時，婚帖上寫現世安穩，你不給我安穩？」

你說最好的東西是不可選擇的，我完全懂得。但這件事還是要請你選擇，說我無理也罷。

這是她頭一回不顧素來的矜持、自尊，連強迫自己鎮靜亦做不到，方寸大亂。情急之言只能使事情變得更糟。但是她顧不上，只想最後抓住眼前的這個人問個究竟。

胡蘭成還是不做選擇。其實他與小周有沒有再見之日都不可知。但他的不選擇，並不是他愛哪一個女人更多一點，而是這種選擇，破壞了他心目中的佳話，幾美團圓最終不美，他不能容忍的是這個。

張愛玲只得自己做了最後的選擇。

> 你是到底不肯。我想過，我倘使不得不離開你，亦不致尋短見，亦不能再愛別人，我將只是萎謝了。

張愛玲在溫州待了二十天。本來是一路尋夫，想與他共患難，沒想到走的時候，變成了一個人。張愛玲寫這世間男女戀情，剝盡華麗外衣還原其淒涼的本色，但她絕沒想到這種事情會發生在自己身上。有時候現世與預期落差太大，當

事人會有「向後猛跌」的恍惚眩暈。就像《沉香屑：第一爐香》中葛薇龍聽到喬琪喬直言不能給她婚姻，也不能答應給她愛，只能答應給她快樂時，葛薇龍就是這樣的感覺。

> 這和薇龍原來的期望相差太遠了，她仿佛一連向後猛跌了十來丈遠，人有點眩暈。

現在，張愛玲也是一跌跌了好幾個跟斗。

《小團圓》裡，九莉也曾想過是不是一刀了決了這個負心漢。但爲不愛自己的人而死總是不值。

> 爲他坐牢丟人出醜都不犯著。

這次，她雖然已看明白這段感情，但還是割捨不開。她回上海沒幾天，就寫

了一封信給胡蘭成。

那天船將開時，你回岸上去了，我一人雨中撐傘在船舷邊，對著滔滔黃浪，佇立涕泣久之。

隨信她還寄錢來。此後的八、九個月，兩人偶或通音信，張愛玲信之外還不時捎些東西。

隨後，胡蘭成因躲避溫州戶口檢查，又回斯家，等風頭靜了，取道上海乘船返回溫州。因船第二天才開，當晚他又到張愛玲公寓過了一夜。這次送他來的是斯家的老四，待老四走了，他擺起夫主的嘴臉責備張愛玲待客不周，沒留人吃飯。這次張愛玲無論如何不能心平氣靜：「我是招待不來人的，你本來也原諒，但我亦不以爲有哪樁事是錯了。」

不愛的人，看什麼都不順眼啊！

那天晚上，胡蘭成居然把他與范秀美的事據實說出，還問張愛玲有沒有看他寫的《武漢記》，那裡面全是小周的事。他眞是有點二（二，北方話。譏人愚蠢，做事欠考慮，叫「有點二」）。這簡直是當面侮辱人呢！張愛玲答道她沒有看。他當下在她手上打了一下，惹得張愛玲駭怒。

當晚，兩人別寢。第二天天還沒有亮，胡蘭成來到張愛玲睡的房間，在床前俯下身去親她，她從被窩裡伸出手抱著胡蘭成，只叫得一聲「蘭成」，就淚流滿面。

這百轉千迴的一聲，是怎樣的痛心和明白啊！我想這個時候，張愛玲雖然淚眼朦朧，卻心裡清亮。

這次分別，偶或仍有書信來往。張愛玲還是照樣寄錢過去接濟他的生活。

> 她早已不寫長信了，只隔些時寫張機械性的便條。之雍以爲她沒事了，又來通（述說的意思）道：「昨天巧玉睡了午覺之後來看我，臉上有衰老，

我更愛她了。有一次夜裡同睡，她醒來發現胸前的紐扣都解開了，說：『能有五年在一起，就死也甘心了。』我的毛病是永遠沾沾自喜，有點什麼就要告訴你，但是我覺得她其實也非常好，你也要妒忌妒忌她才好。不過你眞要是妒忌起來，我又吃不消了。」

她有情書錯投之感，又好氣又好笑。

斷了，心酸眼亮

等抓漢奸之風漸漸平息，胡蘭成又開始蠢蠢欲動，夢想「再出中原」。他寫信給梁漱溟（當然用的是化名），得到其賞識，又結識一些名家，處境轉好。還是不忘在張愛玲的面前得瑟他那些「鄰婦來燈下坐」之類的豔遇。張回信說：「我覺得要漸漸不認識你了。」這個人不僅負心，還自負忘形，人性的起點太低。

一九四七年六月，當她看到胡已脫離險境，寄來一信。

> 我已經不喜歡你了。你是早已不喜歡我了的。這次的決心，是我經過一年半長的時間考慮的，惟彼時以小吉（劫）故，不欲增加你的困難。你不要來尋我，即或寫信來，我亦是不看的了。

眞痛快，好一個張愛玲，她的喜歡不喜歡無關乎他人。不是因爲他的喜歡，而喜歡。完全是自己獨立的感情，沒有因果關係。

分手在即，還寄來三十萬元。這也是張愛玲的哲學，以這種方式和他斷了個乾乾淨淨，永不相欠。

胡蘭成說張愛玲是「亮烈難犯」。也曾徘徊，也曾痛苦，也曾猶豫，眞下決心了則果斷明白、義無反顧。之後，再也不回他片言隻語。

胡蘭成還是不甘心，寫信給炎櫻。無用，張愛玲還是不回信。「幾次三番思想」後，還是跑到原來他天天必去報到的六樓六五室。沒想到出來應門的是一個陌生女人。

張愛玲早已搬走了。

斷了，就來個乾乾淨淨。

一九五七年底或一九五八年初，胡蘭成居然收到一張明信片，沒有上下款。

手邊如有《戰難，和亦不易》、《文明的傳統》等書（《山河歲月》除外），能否暫借數月作參考？

這時，張正在奮力寫作，借書之事在她看來僅是借書而已。胡蘭成初時一愣，隨即喜出望外，更可氣的是，他這時候的老婆佘愛珍，看了居然歡天喜地，直催他回信。

這個佘愛珍不是什麼省油的燈，是昔日流氓、漢奸吳四寶的遺孀。一九四一年春一個周日的下午，佘愛珍出去看醫生還做頭髮。車子開到靜安寺路大西路口，正好有英租界的巡捕盤查來往行人。喝令停車，要檢查手槍護照。保鏢與巡捕正兩相爭執時，巡捕槍走火，打著了保鏢。保鏢應聲倒地時，也射了那巡捕一槍。兩人都死了。當即衆多巡捕都趕來向著汽車開槍，一時槍彈如雨。

這時英國巡捕一個頭頭說，車裡面還有一個婦人。當下停止射擊，走近察看沒想到這個佘愛珍坐在裡面毫髮未傷。

這時，得到消息的七十六號特工警衛隊大隊人馬趕到，連機關槍都背來了。

巡捕那邊也緊張起來，兩邊拉開陣勢。佘愛珍這時一腳踢開車門鑽出來，揚手喊：「不可開槍，不然亂槍眞要打死我了。」

這樣一個黑道上混的女人，看著張愛玲的來信，攛掇（ㄘㄨㄢ ㄉㄨㄛˊ，慫恿）胡蘭成去佻薄她，其實是完全沒有把張愛玲放在眼裡。在她看來，張愛玲就是一個手無縛雞之力寫字的，就算寫有信來，又怎麼樣？難不成還鬥得過她佘愛珍？

她催了好幾遍胡蘭成回信，還讓胡與張愛玲賠個不是，重新和好。她完全把這件事當成鬧劇和笑料了。對於胡蘭成早期在日本的女人一枝，她絲毫沒有容讓。對於小周，她心存忌諱，讓胡蘭成死了這條心。唯有范秀美，她說，范可以來，但是來了，就沒有她了。

此時，對於張愛玲她倒大度起來？非也。她是著實沒有把張愛玲放在心上。這件事，於她就是一個貓捉老鼠的遊戲罷了！鬧一鬧樂一樂，也讓自己無聊的生活有點趣味。

胡蘭成不見得看不出他老婆的心思，反正他樂於奉陪。他寫信、寄書，是

《今生今世》的上卷，信中少不得夾七夾八的話去撩撥張愛玲。他說張愛玲是「九天玄女娘娘」，自己從她那裡得了無字天書，不過，自學成才會用兵布陣，現在寫文章好過她了。還提到他把《山河歲月》與張愛玲寫的《赤地之戀》比著讀。他就是想讓張愛玲慌一慌。這時張愛玲的創作已不似上海灘時期那麼高質高產，不僅旁人看到這個問題，連張愛玲也知道自己的創作在走下坡路。對於這個認定寫作爲一生最愛的作家來說，無疑是致命的打擊。

胡蘭成原先在張愛玲那裡感到自己無論說什麼寫什麼都要被比下去，現在卻一下子覺得似乎有出頭之日。他信紙上絢爛華麗，實則滿臉壞笑：呵呵，這一次你不行了吧！

但張愛玲都無回信。佘愛珍又出主意：教胡蘭成寫信寄書時用雙掛號，這樣張愛玲接到了總得在回單上簽字，這樣他們就能確定張愛玲是否收到信了。

眞是一對白相人（無賴、流氓的意思）啊！

回信到底來了。

蘭成：

你的信和書都收到了，非常感謝。我不想寫信，請你原諒。我因爲實在無法找到你的舊著作參考，所以冒失地向你借，如果使你誤會，我是眞的覺得抱歉。《今生今世》下卷出版的時候，你若是不感到不快，請寄一本給我。我在這裡預先道謝，不另寫信了。

愛玲

這封信寫得眞是絕，就像一記脆生生的耳光。這佘愛珍還不死心，教胡蘭成裝作沒有收到這封信，仍然寫信去撩撥張愛玲。說兩個人只做學問上的朋友，就是請教請教學問而已。還要邀請張愛玲來看櫻花。呸！無賴到這個地步眞是少見了。

胡蘭成自己說：「這簡直是無賴，我雖不依著做，可是眞好。」眞是一對潑皮！

到《今生今世》下部出版時，裡面就有涉及張愛玲的章節——《民國女子》。不管她是什麼時候看到的，這對她都是沉重的打擊。但是，再怎麼痛苦，這滋味也得自己扛著，不能著一個字。因爲你面對的就是不按常理出牌的人。只要是能牽動你的一絲情緒，對方都會大大地得意。

胡蘭成《山河歲月》出版時，香港小報就提到有人問張愛玲對這本書的看法，張愛玲不置一詞。這樣的態度，胡蘭成萬分不好受。人家就是不帶你玩了。管你做什麼，都與自己無關。

感情好的時候是濃情蜜意的愛，感情壞時是刻骨銘心的恨。愛好，恨也不怕。最無奈的，是對方對你完全沒有感覺了。你的喜怒哀樂與她無關。你對她就是路人甲。

所以胡蘭成收到張愛玲的這最後一封信後，佘愛珍還一再讓他回信，他才恨恨地說：「不寫。只等書下卷出版了寄去給她，總之現在信是不寫。」他就等著看張愛玲驚慌失色了。

這一等，直到一九八一年七月二十五日在東京病逝，他都沒有聽到張愛玲關於這本書的隻言片語。所幸，當年張愛玲寫給他的信，在兩人分手前，她全部要回去了。否則，還不早被他拿來示眾。所幸，他沒有等到《小團圓》。

最後，我引江弱水老師寫的《胡蘭成的人格與文體》中的兩段話來結束關於胡蘭成的評說吧！

> 這個人，學問好，文章也好，可大家只會私下叫好，不願當眾喝彩，因爲此人于公于私都大德有虧。縱使被人提起，也不外乎爲一個女人的緣故：他與本世紀中國最讓人著迷的那位女作家有過一段亂世情緣。可是，他未必是她心口的一顆朱砂痣，但一定是別人眼裡的一抹蚊子血。不折不扣的，他是個漢奸。
>
> ……
>
> 他的不守節，在私人生活上也暴露無遺。《今生今世》的胡蘭成，是中

國文學中難得一見的唐璜式人物。他對女性，情雖不僞，卻也不專。……他要的是「此時語笑得人意，此時歌舞動人情」，而他的情意會隨其行蹤的轉移而改變，焉能繫於一身！他那不粘不滯的思想，自說自話的本事，每當棄絕之際，總可以爲自己找得著開脫責任的藉口。他自認爲是一位「永結無情契」的高人，旁人看來，到底只是個朝秦暮楚的蕩子。

7 那一抹別樣的顏色

我心中上海城隍廟的九曲橋。

一個很有特色和記憶的地方。可惜現在只是一個假古董。

爽直明倩的蘇青

在十里洋場的上海灘，當年在文壇上與張愛玲齊名的，還有一個女作家，她叫蘇青。這是她的筆名，本名馮和儀，比張愛玲大四歲。

張愛玲在《必也正名乎》裡談到中國人取名字時說，「適當的名字並不一定是新奇，淵雅，大方，好處全在造成一種恰配身分的明晰的意境。」所以我說「蘇青」兩個字好，清脆又爽口。朗朗念叨時，眼前總閃現一個清爽明俏的女子。這個女子，來自浙江寧波，說起話來爽直輕快，眉眼緊湊明倩，落筆成文更是清朗乾脆。

現在的讀者認識蘇青，很大原因是讀了張愛玲在二十世紀四〇年代寫成的《我看蘇青》一文。張愛玲寫這篇文章時，正是創作高峰，一時紅遍上海灘。兩人認識的起因，是蘇青爲了自己創辦的雜誌《天地》向張愛玲約稿。

蘇青起初寫給張愛玲的索稿信，一來就說「叨在同性」，看到這裡張愛玲總要笑。這是因爲張愛玲看到了蘇青骨子裡面那種小女生帶點撒嬌帶點蠻橫的性格，有點不依不饒的意味。

女人的弱點她都有，她很容易就哭了，多心了，也常常不講理。譬如說：前兩天的對談會裡，一開頭，她發表了一段意見關於婦女職業。《雜誌》方面的人提出了一個問題，說：「可是——」她凝思了一會，臉色慢慢地紅起來，突然有一點生氣了，說：「我又不是同你對談——要你說我做什麼？」大家哄然笑了，她也笑。我覺得這是非常可愛的。

時人看蘇青，總覺得她豪爽大方，有男兒氣。其實在她爽直的舉手投足中，自有一般女子一嗔一癡的可愛姿態。

兩個人的交情，張愛玲更是說得明白。

至於私交，如果說她同我不過是業務上的關係，她敷衍我，爲了拉稿子，我敷衍她，爲了要稿費，那也許是較近事實的，可是我總覺得，也不能說一點感情也沒有。我想我喜歡她超過她喜歡我，是因爲我知道她比較深的緣故。

一份《天地》是兩人文字的紐帶（起聯繫作用的人或事物）。潘柳黛曾說：「張愛玲的被發掘是蘇青辦《天地》月刊的時候，她投了一篇稿子給蘇青。蘇青一見此人文筆不凡，於是便函約晤談，從此變成了朋友，而且把她拉進文壇，大力推薦，以爲得力的左右手。果然張愛玲也感恩知進，不負所望，邁進文壇以後，接連寫了幾篇文章，一時好評潮湧，所載有聲，不久就大紅大紫起來。」

且不說潘柳黛這麼寫是因爲自己的記憶出了問題，還是與張愛玲有什麼過節。其實，張愛玲在《天地》發表文章之前，就已經發表了她最著名的幾篇小說：《金鎖記》、《傾城之戀》、《沉香屑：第一爐香》等。她完全不必等著蘇青來發掘，且還被拉進文壇成爲左右手。

不過，張愛玲一直是《天地》的臺柱子，這倒是眞的。《天地》一共出版二十一期，張愛玲發表文章的就有十八期。並且她還專門爲《天地》設計過封面，後面幾期一直到終刊都一直用著。

這不僅因爲蘇青給她提供了一個專門的舞臺，還因爲她與蘇青的感情。要知道，張愛玲可是性格耿介，不對路的人她從來不會過多理睬的。

一口茶滾燙在嘴，怎麼下嚥？

原本潘柳黛與張愛玲、蘇青還有些私交。

有一次，我和蘇青打個電話和她約好，到她赫德路的公寓去看她，見她穿著一件檸檬黃袒胸露臂的晚禮服，渾身香氣襲人，手鐲項鏈，滿頭珠翠，使人一望而知她是在盛裝打扮中。

我和蘇青不禁爲之一怔，問她是不是要上街？她說：「不是上街，是等朋友到家裡來吃茶。」當時蘇青與我的衣飾都很隨便，相形之下，覺得很窘，怕她有什麼重要客人要來，以爲我們在場，也許不太方便，便交換了一下眼色，非常識相的說：「既然你有朋友要來，我們就走了，改日再來也是一樣。」誰知張愛玲卻慢條斯理地道：「我的朋友已經來了，就是你們兩人呀！」這時我們才知道原來她的盛妝正是款待我們的，弄得我們兩人感到更

窘，好像一點禮貌也不懂的野人一樣。

從張愛玲的寓所出來，潘柳黛便向蘇青抱怨。她不認爲自己受到主人盛裝的尊重，反而覺得自己很狼狽。這其中的滋味可能還有不自信的自卑心理在作祟。論文章，她沒有張愛玲寫得好產量多，論國學根基她達不到張愛玲的水準，更別說懂英語直接看外國文學作品了。在張愛玲出道之前，上海灘的文壇還有她一席之地，等張愛玲如日中天時，她只有甘居其下。

所以，這才會把一件不起眼的小事，視爲自己受了很深的傷害。她認爲自己可以將蘇青團結爲同一戰壕的戰友。然而，爽朗的蘇青卻只笑不答。

接踵而來的事情，更讓潘柳黛措手不及。一九四四年三月十六日，《雜誌》舉辦女作家聚談會，潘柳黛與張愛玲連袂出席。嗑著瓜子，品著好茶，間或吐珠咳玉，正在其樂融融之時，令潘柳黛始料不及的是，張蘇二人唱起了雙簧。

蘇青說：「女作家的作品我從來不大看，只看張愛玲的文章。」張愛玲道：

「踏實地把握生活情趣的，蘇青是第一個。她的特點是『偉大的單純』。經過她那俊傑的表現方法，最普通的話成爲最動人的，因爲人類的共同性，她比誰都懂得。」

參加這次聚談會，潘柳黛的心情最複雜。她是興沖沖而來，灰溜溜而去。接下來，她受的打擊更大了。胡蘭成讚張愛玲的文章隨後登場。上海灘飆起張愛玲旋風。更令她驚懼的是，八月《傳奇》品茶會竟然沒有邀請自己參加！

熱鬧都是別人的，與自己無關。

蘇青倒向了張愛玲，胡蘭成撰文吹捧張愛玲，街頭報刊亭賣得最好的也是張愛玲的作品，大家閨秀都以能與張愛玲一同晚餐而作爲資本……誰都得意，唯她失意。可能，她以爲，正是張愛玲的橫空出世宣告了她的獨秀史的終結。

潘柳黛不甘心了，磨刀霍霍。

胡蘭成追捧張愛玲的文章一出，她拋出了《論胡蘭成論張愛玲》。

潘柳黛在文中不僅挑明兩人的關係，還調侃胡蘭成所熱衷的是張愛玲的貴族血統。她說，張愛玲與李鴻章的關係就好像太平洋裡淹死一隻老母雞，上海人吃黃浦江的自來水自稱「到雞湯」的距離一樣，八竿子打不著的親戚關係，如果以之證明身世高貴，根本沒有什麼道理。而且以上海人腦筋之靈，不久將來，「貴族」二字，必可不脛而走，連餐館裡都不免會有「貴族豆腐」、「貴族排骨麵」之類出現。

似乎潘柳黛對「貴族」二字分外敏感，生怕張愛玲藉「貴族」二字飛天成玄女。接著，對其著裝極盡挖苦，在她荒誕的手法下張愛玲變得滑稽又可笑。

十年之後，張愛玲、潘柳黛一前一後到香港。當有人給張愛玲說潘柳黛也在香港時，張愛玲回答得相當乾脆：「誰是潘柳黛，我不認識。」

歷來張愛玲對她想排除心房之外的人，就能做得相當乾脆。並且從來不藕斷絲連，更不吃回頭草，根本沒有給對方任何迴旋的餘地。

就像她在美國因爲向胡蘭成借書導致胡蘭成認爲她舊情未了，屢屢寫信撩撥後，她提筆給胡蘭成寫的那封信。開後一句「蘭成」，稱呼得倒是親切。可是後面越看越讓胡蘭成無地自容，短短數行，不帶髒字，沒有惱怒的語句，但是就像一記響亮的耳光打在胡蘭成的臉上。通篇還客氣得讓你發不起脾氣。胡蘭成當時的妻子佘愛珍是一個走慣江湖的人。當年在上海灘是「白相人」的老婆，後來做了軍統的特務，在日本還賣過毒品，坐過牢、殺過人，趟（ㄊㄤ，同「蹚」）過的渾水很多了。看了這封信，也不得不說：「你這個張小姐眞是厲害啊。」

這次張愛玲說：「誰是潘柳黛，我不認識。」也是給潘柳黛說：我們壓根不認識，你不要再拿我的八卦給自己做宣傳了。是啊，事到如今，有幾個人知道「潘柳黛」這三個字？要不是因爲張愛玲，可能只有那些做二十世紀四〇年代上海灘文化研究的老學究能熟悉這三個字了。

我看你，覺得一萬個好

常說「物以類聚，人以群分」。在潘柳黛嘲笑張愛玲讓她倒騰老祖母的衣服出來穿時，蘇青卻寫了一篇《衣著出位（意指創新）的張愛玲》。

還有一次，張愛玲突然問我，「你找得到你祖母的衣裳找不到？」我說：「幹嘛？」她說：「你可以穿她的衣裳阿！」我說：「我穿她的衣裳，不是像穿壽衣一樣嗎？」她說：「那有什麼關係，別致。」

……

她穿西裝，會把自己打扮成一個十八世紀的少婦，她穿旗袍，會把自己打扮得像我們的祖母或太祖母，臉是年輕人的臉，服裝是老古董的服裝，就是如此，融會了古今中外的大噱頭，她把自己先安排成一個傳奇人物。

無獨有偶，張愛玲在《我看蘇青》裡面也談到了蘇青的著裝。

> 對於蘇青的穿著打扮，從前我常常有許多意見，現在我能夠懂得她的觀點了。對於她，一件考究衣服就是一件考究衣服；於她自己，是得用；於眾人，是表示她身分地位；對於她立意要吸引的人，是吸引。蘇青的作風裡極少「玩味人間」的成分。

看看吧，這才是蘇青和張愛玲。她們是朋友、是同性、是同行，卻沒有競爭、沒有敵意、沒有嫉妒，反而惺惺相惜，互爲佐證。你說芍藥好看，有人說旁邊的牡丹更好看。你說牡丹好看，有人卻喜歡芍藥。兩個人就是當時上海灘文壇的兩道靚麗的風景線。

蘇青就是那瑞雪豐年裡大紅的龍鳳配圖案，紅得爽快又喜慶。張愛玲是湖光綠裡泛起來的那抹藍，豔麗又不可捉摸。

公衆場合，她們也你抬我敬。

《傳奇》座談會上蘇青說：「我讀張愛玲的作品，覺得自有一種魅力，非急切地吞讀下去不可。讀下去像聽淒幽的音樂，即使是片斷也會感動起來。她的比喻是聰明而巧妙的，有的雖不懂，也覺得它是可愛的。她的鮮明色彩，又如一幅圖畫，對於顏色的渲染，就連最好的圖畫也趕不上，也許人間本無此顏色，而張女士眞可以說是一個『仙才』了，我最欽佩她，並不是瞎捧。」張愛玲在女作家座談會上說：「近代的最喜歡蘇青，……如果必須把女作家特別分作一欄來評論的話，那麼，把我同冰心、白薇她們來比較，我實在不能引以爲榮，只有和蘇青相提並論我是甘心情願的。」

蘇青脾氣耿直，說話直來直去，容易得罪人。但是張愛玲卻說：「但是像蘇青，即使她有什麼地方得罪我，我也不會記恨的。」像好幾次兩人一起出席的公衆場合，蘇青的話都比張愛玲多，而張愛玲就算被蘇青搶了風頭，也會抿著嘴笑，覺得蘇青可愛。

女性的友誼，有時候也像戀愛中的男女朋友，此時，正是濃情蜜意時，怎麼

看，都覺得對方一萬個好。

寫作上，兩個人也以文傳意。且不說《天地》基本上就是張愛玲挑大樑的舞臺，編者例言中還常有對她作品的特別推薦。張愛玲寫《我看蘇青》，蘇青唱和一篇《我看張愛玲》。張愛玲有《自己的文章》，蘇青立即寫一篇同題的隨筆。張愛玲要爲形形色色的女人畫像，曾計畫寫一組人物素描，集成「烈女傳」；蘇青有同樣的念頭，要寫「女像陳列所」，僅寫成的一篇又有張愛玲配的圖。

當年，正是張愛玲剛出道就嶄露頭角的風光盛世。她還有著年輕人的一切衝動和憧憬，有著要毫無顧忌地展現自己的勇氣。那個時候，與蘇青一唱一和的張愛玲快樂又調皮，事業順、心情好，做什麼都順手，幹什麼都順利。現在比較時髦的氣場說，認爲一個人如果處於有利於自己的氣場下，那麼做什麼都順利。

一九四三年到一九四七年，正好是屬於張愛玲的氣場。她下筆如有神，寫出了讓她日後留名青史的文學作品。也才會喜滋滋地囤紙來印自己的書，晚上睡在那寬大的白紙上，都覺得親切。跳下黃包車，穿街來到街頭書報亭，故作不知地

問老闆：「這本《傳奇》可銷得好？」翻出老祖母的一床被面，裁剪成一條裙子就理直氣壯地穿著去參加納涼文學會。在印刷廠，看到工人踩著踏板印書，也覺得他們親，因爲他們連夜趕印的都是她的書。欣賞著布匹店裡花團錦簇的布面圖案，品嘗著咖啡店的奶油蛋糕，隔著玻璃杯看裡面泡開的熱帶叢林一樣的茶葉，在公寓樓上看跑馬場閃爍的霓虹燈……這就是上海，上海的一切都讓她覺得快樂和親切。

這才會有看「七月巧雲」、聽蘇格蘭兵吹bagpipe的閒情，才能享受微風中的籐椅、吃鹽水花生的快樂，也才會有從雙層公共汽車中伸出手摘樹巔的綠葉的調皮。

上海的一切都讓她覺得親。這份親，才讓她發自內心的快樂。這份快樂也來自自食其力的自信。

多年以後，她隱居在美國，還是說：「上海來的人，還是可以見一見的。」

人逢喜事精神爽，在這樣快樂的氛圍下，張愛玲更是才思如泉湧，寫出了

《封鎖》、《紅玫瑰與白玫瑰》等上乘之作。

也正因為這一篇《封鎖》，使那個自視甚高的胡蘭成，在躺椅上看得直起身來。隨後他馬上找蘇青要張愛玲的地址。這才有了以後張胡的一段故事。

其實這時胡蘭成與蘇青的關係也不簡單。一個女人與男人上了床，沒有產生點情愫是不大可能的。這道理連張愛玲都懂，所以她才會藉《色戒》說：「通往女人靈魂的通道是陰道。」

胡蘭成心急火燎地去上海，一下火車就去找蘇青。蘇青這邊哪裡知道這個男人心裡的那些事，還想著他一下火車就來找自己，心裡高興的不得了。這蛋炒飯也吃了，還一同回了自己的寓所。結果，事畢之後，這個男人問：「能不能給我張愛玲的地址？」

你說這個男人是敗興呢？還是自私得不管不顧？

儘管蘇青遲疑了一下，最終還是把張愛玲靜安寺路赫德路口一九二公寓六樓六五室的地址寫給了胡蘭成。換是有些女人，是萬萬不肯把情場上可能的競爭對手介紹給異性的。

張愛玲與蘇青不像與炎櫻走動那麼密切，蘇青的一些消息反倒是從別人的口中或者是蘇青自己的文章中得知。但是身爲女人，同時又是對生活飽含情趣的女人，她們在接觸中除了約稿審稿，自然也有女人日常生活中的那些內容。

去年秋天，她做了件黑呢大衣，試樣子的時候，要炎櫻幫著看看。我們三個人一同到那時裝店去，炎櫻說：「線條簡單的於她最相宜。」把大衣上的翻領首先去掉，裝飾性的褶襉（ㄐㄧㄢˇ）也去掉，方形的大口袋也去掉，肩頭過度的墊高也減掉。最後，前面的一排大紐扣也要去掉，改裝暗紐。蘇青漸漸不以爲然了，用商量的口吻，說道：「我想……紐扣總要的罷？人家都有的！沒有，好像有點滑稽。」

我在旁邊笑了起來，兩手插在雨衣袋裡，看著她。鏡子上端的一盞燈，

強烈的青綠的光正照在她臉上，下面襯著寬博的黑衣，背景也影影綽綽的，更顯明地看見她的臉，有一點慘白。她難得有這樣靜靜立著，端詳她自己，雖然微笑著，因爲從來沒有這麼安靜，一靜下來就像有一種悲哀，那緊湊明倩的眉眼裡有一種橫了心的鋒稜，使我想到「亂世佳人」。

關於服裝張愛玲說過一句話：對於不會說話的人，衣服就是最好的語言。所以她的服裝總是獨出心裁、標新立異。在當時的上海灘，僅以服裝搭配就能占本埠頭條新聞的，除了張愛玲應該沒幾個人。

在服裝搭配上張愛玲與蘇青南轅北轍。蘇青講究派頭，品質要考究，張愛玲卻只要驚豔，只要獨特。人家說文如其人，張愛玲的文章就是一部傳奇，她的著裝也劍走偏鋒。當年在上海灘，居然能吸引街頭報童追逐看熱鬧。可見，她的奇裝異服是多麼的讓人咋舌。

其實二人的差異又何止這一端？座談會上，蘇青的話總是比張愛玲多，且回

答得乾脆俐落，直言直語心直口快。相比之下，張愛玲顯得寡言木訥得多。但是，這並不會讓張愛玲不悅，反而她欣賞蘇青。正像張愛玲自己在文中說的，「我之能懂得她，更甚於她之懂得自己」，「我喜歡她超過她喜歡我，是因爲我知道她比較深的緣故」。當你完全吃透一個人的時候，這個人但凡有任何衝撞的地方，你都能寬容地接受。凡事看開看透，就能直見事物的本心。張愛玲就是帶著這樣洞察天機般的明白，看著蘇青的一切。

她在《我看蘇青》裡面勾勒出蘇青的輪廓，而這正好是她們兩人截然不同的地方。

> 她是眼高手低的。
>
> 即使在她的寫作裡，她也沒有過人的理性。她的理性不過是常識——雖然常識也正是難得的東西。
>
> 蘇青在理論上往往跳不出流行思想的圈子，可是以蘇青來提倡距離，本

來就是笑話，因為她是那樣一個興興轟轟火燒似的人，她沒法子伸伸縮縮、寸步留心的。

她又有她天眞的一方面，很容易把人想得非常崇高，然後很快地又發現他的卑劣之點，一次又一次，憧憬破滅了。

張愛玲絕不會寫文章吹捧任何人，寫蘇青這篇，實在又有分寸。看蘇青看得極準。蘇青有的，恰是她不需要的。換句話說：張愛玲是眼高手不低的，她富於理性，思想不爲流行的圈子所束縛，爲人行事總留有距離，不會熱情似火，文裡文外總能冷眼看世界。

與蘇青這樣的人交往，張愛玲才覺得輕鬆自在。像她身邊的炎櫻、胡蘭成，都是蘇青這種類型，總能在她身邊滔滔不絕。喜歡扮演聽衆角色的張愛玲，在這樣的場合充滿喜悅。這也是她觀察人世的一個視窗。看身邊花謝花開、雲卷雲舒，自己卻閒庭信步。也難怪蘇青呱呱唧唧說了一大通後，要抱怨張愛玲：「你

是一句爽氣話也沒有的。」

兩人的文風也大相逕庭。張愛玲行文光色幢幢，一部小說就是一部色彩斑斕的有聲電影。她的含蓄、蘊藉就像蘇青的直白、潑辣一樣鮮明。

在與讀者的關係上，蘇青一上來就會告訴讀者，主人公就是她自己。對於素材，她常常不做什麼修飾就直接寫成小說，並且小說裡面喜歡用第一人稱。看蘇青的小說，完全可以對號入座。

張愛玲的小說從來沒有用過第一人稱，她總是與讀者保持距離。就算年老時寫《小團圓》，雖然讀者都知道「九莉」的原型就是張愛玲，但是張愛玲也絕不用「我」這一人稱作爲小說的主人公。在她看來，就算世人都覺得「九莉」就是張愛玲，但是，只有她自己知道，這裡面眞眞假假在哪裡，於她，還是安全的。

蘇青的散文也如她自身一樣，大白話一般。白話中卻自有清新之處。張愛玲曾說：「有人批評她的技巧不夠，其實她的技巧正在那不知不覺中，喜歡花哨的

稚氣些的作者讀者是不能領略的。」

你看，就是蘇青單單直白地談吃，都能這麼暢快漂亮。

在我們寧波，八月裡桂花黃魚上市了，一堆堆都是金鱗燦爛，眼睛閃閃如玻璃，唇吻微闔，口含鮮紅的大條兒，這種魚買回家去洗乾淨後，最好清蒸，除鹽酒外，什麼料理都用不著。但也有攙鹽菜汁蒸之者，也有用滷蝦瓜汁蒸之者，味亦鮮美。

還有豆，我們都是在自己園子裡種的，待它們纍纍結實時，自己動手去摘。漸漸豆兒老了，我們就剝「肉裡肉」，把綠玉片似的豆瓣拌米煮飯吃，略微放些鹽，又香又軟又耐饑。清明上墳的時候，野外多的是「草紫」。草紫花紅中夾白，小孩兒們採來紮花球，掛在頸上扮新娘子。我們煮草紫不用油，只須在滾水中一沸便撈起，拌上料理，又嫩又鮮口。上海某菜館的油煎草頭雖很有名，但照我吃起來，總嫌其太膩，不如故鄉草紫之名副其實的有菜根香。

這樣充滿炊煙的文字，與張愛玲截然不同。張愛玲談吃，更多的是像在談百態人生。蘇青興興頭頭，行文中看出爲人的熱鬧和喜慶。所以張愛玲要用楊玉環的熱鬧、親熱來對比蘇青。

楊貴妃的熱鬧，我想是像一種陶瓷的湯壺，溫潤如玉的，在腳頭，裡面的水漸漸冷去的時候，令人感到溫柔的惆悵。蘇青也是個紅泥小火爐，有它自己獨立的火，看得見紅焰焰的光，聽得見嗶哩剝離的爆炸，可是比較難伺候，添煤添柴，煙氣嗆人。

張愛玲喜歡蘇青「到後來常常有點戀戀不捨的」，最主要的就是戀戀於蘇青這種生活的暖意。蘇青看人、辦事、爲文，都與物質生活同一。而這份對物質生活的認同，在張愛玲這裡就代表了現世安穩。

張愛玲自己是怕受傷害的，一旦嗅到一絲不安的成分，她就會迅速拒人千里，保護自己。但是這樣一觸碰就敏感的性格，是不是回過頭來，也會羨慕蘇青

這種屢屢受挫卻能抗打擊，每次依然能全身心地投入的「健康的底子」？張愛玲明瞭世事的結果是萬般皆悲，高處總是寒冷的。所以她才會對蘇青這般戀戀不捨，蘇青那裡有她所匱乏的東西。世人都到蘇青處取暖，這裡面也有張愛玲吧？

蘇青對生活對寫作對愛人的要求一直是具體的——就是所有的一切都可以讓她結結實實地過日子。而張愛玲的男人是拿來崇拜的。所以說，蘇青是女人，張愛玲骨子裡面還是小女孩，雖然她寫了那麼多洞悉男女情愛的文章。

蘇青要的丈夫要有男子氣概，「本性忠厚，學識財產不在女的之下，能高一等更好。要有生活情趣，年齡比女方大五歲至十歲」。她的愛是有包容性的，雖然她說自己需要家庭，需要男朋友的安慰，但若沒有，她照樣會讓自己過得很好。所以她才會說「在一切都不可靠的現實社會裡，還是金錢和孩子著實一些」。

但是不管現實多麼殘酷，她骨子裡面仍然是熱的，仍然會興致勃勃地一頭扎

進（鑽進的意思）生活中去。這才寫得出那些家常的文字。文字裡面才會有如此美好的生活的氣息。

我的爸爸在夏天有幾隻常愛吃的小菜，一隻是麻油鹽拌豆腐，拌法很簡單，只要把嫩豆腐買來，開水沖過，然後澆上香麻油，灑些淡竹鹽細屑，用筷拌起來就得了。另一隻是火腿絲拌綠豆芽，那時金華火腿在寧波賣得很便宜，我們家裡總是永遠這麼掛著三四隻的，把它切下一塊來蒸熟。撕成絲，然後再把綠豆芽去根，在沸湯中一放下去便撈出來，不可過熱，這樣同上述火腿絲攪在一起，外加蝦子醬油及陳醋，吃著新鮮而且清脆。夏天的小菜頂好不要用油煎燒，我爸爸就說殺隻雞吧，也愛把白切雞肉抹上鹽，過了三四小時後再加大量竹葉青（酒名），使浸著，到了次日便可以用匙撈出來吃了。還有紫褐色的光滑而潤的茄子也惹人憐愛，寧波茄子沒有上海的那麼粗大，它是細細軟條子，當中很少粒子，從田裡摘下來便洗乾淨，也是蒸熟透，與番茄拌和著吃時怪鮮口的，醬油可用定海的洛泗座油（舟山定海的洛

洄座油是一等一的醬油，素有「露華雲液」的美名）。

這就是蘇青親近人生的方式，隔了幾十年我們還能夠親近她。或許，日後千載之下，仍然有人喜歡這樣的爲文、爲人、爲事。

幾十年後，張愛玲的《小團圓》破土而出。

張愛玲在書中戲稱蘇青爲「文姬」。有人說就是「文妓」的諧音。她把胡蘭成出獄後到蘇青住處一事也寫了出來。其實這一段，蘇青在《續結婚十年》中也提到了。當年，胡蘭成這個喜歡賣弄女性緣的男人，事畢也主動給張愛玲講過這一段。這件事，「文革」中蘇青在獄中也交代過。

如今，裡面涉及的主人公均化爲塵埃。這段公案也不了了之。當年的愛恨情仇早已煙消雲散。

那個時候，兩個人好得戀戀不捨地你寫一文我回一篇時，有沒有想過：這些愛，這些痛，早晚都會灰飛煙滅的？

8 咖啡底都是苦的

紐約。

「如果你愛他，就讓他去紐約。

如果你恨他，就讓他去紐約。」

七十五歲的張愛玲一九九三年完成了《對照記》，這是一本關於她和家人的照片冊。當時世人都還不知道《小團圓》。所以這些爲數不多的照片，成爲大家瞭解張愛玲家族、瞭解她人生的一個間接底版。

讓人遺憾的是，她的兩任丈夫，不僅沒有照片，更沒有片言隻語。那個胡蘭成，傷了她的心，讓她看透這個人，不屑一提也罷。但是，賴雅，這個癡愛她的男人，也不著一字。或許不放也好，免得讓人一邊窺看，一邊還要嚼舌頭。不過，眞有點替張愛玲遺憾。與賴雅在一起的十一年，這個高大的美國男人，終於讓她有了家的感覺。

翻看她各個時期的照片，唯獨與賴雅在一起時臉上呈現出來的是平和與幸福。求學時期，她的照片多半顯得木訥茫然。在貴族學校求學，自己除了成績又沒有其他可以攀比的東西，一心就想到英國去，悶頭學習，整個人顯得呆呆的、

懨懨的。當時她在學校的寢室最亂，常被拿出來當「髒亂差」的典型。但她也只是淡淡說一句「我忘了」，來掩飾心底的波瀾。成名上海後，她的那些照片，得意又張揚。臉龐無一例外都是高昂著的。我總覺得她過度地透支了這份喜悅，轉而命運直下，痛別胡蘭成，離開大陸，別走香江。

一九五二年，三十二歲的張愛玲向香港大學申請復學獲准。七月，她持港大證明經廣州抵達香港。過關時，還有一個小小的插曲。雖然護照上面她用的是別名，可是民兵一眼就認出她就是那個在上海寫小說的作家張愛玲。在那個沒有互聯網，不能進行人肉搜索的年代，可見她當時眞是紅遍了半邊天。所幸當年海關並不像後來這麼嚴格，民兵沒有爲難她，問過也就放她過去了。

眞是慶幸，要是她沒有走成，接下來的各項政治運動，張愛玲可能都熬不出來。

或許她對大陸的政治空氣太陌生也太恐懼，所以她才會藉《浮花浪蕊》中洛

貞的心境道：「自從羅湖，她覺得是個陰陽界，走陰間回到陽間。」離開前夕她報了一個旅行團，去了一次西湖，這是她爲自己離開大陸前搜集寫作素材。當時一桌遊客吃飯，她只喝了點燒頭，碗裡的東西剩著。同桌的人犀利地瞪她一眼，她趕緊把頭埋在碗裡，心想幸好只是萍水相逢，就算走不成，日後他們也找不到她。還有一次，她去參加一個文代會，就她身上的旗袍網線紗衣分外刺眼，連自己坐在座位上，也覺得不自在。這些感覺，都讓敏感的她如大禍臨頭。再加上與胡蘭成的一段姻緣，說什麼她都脫不了干係。

好在她終於拿到香港大學允許她復學的證明。否則，可能要不了多久她就會走「時代超人」傅雷的路子。

張愛玲拿著港大的復學證明，去學校報到了。可以判斷她的終極目的地不是香港。一紙文憑於她來說，也沒有任何吸引力。照我的想法，她要是好好地把書讀完，拿到文憑，留下來做一個老師，一邊授課一邊寫作，過著安穩的日子。日子越久越吃香，就算到古稀之年，也還有一代代成長起來的「張迷」追捧。她要

的不就是一個「現世安穩」嗎？

可惜的是，每個人都只能當馬後炮的諸葛先生，誰能提前參悟人生？看別人或許還能旁觀者清，看自己更是看不透，只能一步一探。不知道接下來的那一步，到底是康莊大道還是懸崖峭壁。有些人乾脆按部就班地等著命運的安排，這樣的人生也好。有時，驚險過了都還不知；有時，運氣也會掉下來。

但是，張愛玲不要這樣的人生。上海寫作的經驗，使她對自己充滿信心。她不是從小立志就要做林語堂嗎？她也有用英文寫作的信心。所以，去美國一搏，像林語堂一樣受人歡迎，就是她最大的目標了。再加上香港離大陸太近，二十世紀五〇年代大陸的政治運動一波接一波，她像許多留在香港的人一樣，對這個殖民地的前景憂心忡忡。香港總給她不安全之感。所以，讀了不到一個學期，她居然匆匆寫信給校方辭掉獎學金，登船去了日本。

原本她認為日本是去美國的一條捷徑，但沒成功。關於她這一趟去日本做了些什麼，不得而知。坊間有人說，她去投靠炎櫻時發現炎櫻與胡蘭成在一起。不

知道眞假，但我想她在日本的經歷一定很不愉快，否則，她一定會留下些文字寫下記憶。按照她的個性，三緘其口的事情，都是讓她痛徹體膚的。

三個月後，她再次回到香港。這時她在港大的後路已經斷了，就在她請辭獎學金時，關於到底給不給她獎學金的討論還在激烈地爭辯著，幫她申請到復學許可的那位老教授，正在爲她據理力爭。老師們都知道，當年日本人打進香港時，張愛玲可是一連拿了兩個獎學金的，這樣的成績畢業以後可以直接保送進牛津大學。

張愛玲或許並不知就裡，貿然辭掉獎學金離開學校，不僅讓這位教授大爲生氣，校方還讓她補交學費。日本一行，還有「後遺症」。不久以後，當她應徵當譯員時，人家對她的身分進行調查，還有人懷疑她是共產黨間諜。說好到港是爲了讀書，學業都沒完成就神祕赴日，行蹤如此不定，也難怪有人猜疑。

好在她後來在美國新聞處找到一份差事，翻譯了不少英文作品。工作期間，她最大的收穫就是認識了後來成爲她工作上最重要的支持者——宋淇、鄺文美夫

婦。這兩口子後來一直是她作品的第一讀者，張愛玲身後，把自己的所有版權無償地留給了他們。

翻譯期間，張愛玲投入精力最多的還是她的創作。這一次，在香港的三年，是她創作生涯的第二個高峰。她寫出了《秧歌》和《赤地之戀》兩部長篇。一九五四年，《秧歌》英文版在美國出版，得到評論界的極大讚賞。這時，她根據一九五三年美國的難民法令——允許少數學有所長的人到美國，可以向大使館提起申請，成爲美國公民。

這次，她成功了。

一九五五年，正是秋風颯颯之時，她乘船離開香港，前往陌生的國度——美國。

輪船起航時，她一定兩手緊緊地抓著船欄，屹立在船舷邊。對著滔滔黃浪，前方是一個茫然無親、人地生疏的國度，咫尺天涯。一切都是未知，遙遠又渺茫。或許，一個家族都會有些特別的脾氣不自覺地傳承下來。打她祖父那一輩開始，堅硬就像炮烙一樣印在身上。張愛玲痛定思痛與胡蘭成分手後，再沒有與他

有任何瓜葛，斷得個乾乾淨淨。而她晚年像她崇拜的嘉寶一樣，離群索居，也乾淨俐落。二十世紀八、九〇年代，政策放鬆，她有機會回上海探親，但都婉轉地拒絕了：「去過的地方就不想再去了。」但凡她存心想對誰關上心門，都做得很徹底。

這次離開香港，前路根本看不清，但她也敢。

美國夢與胡適

一九五五年十一月，張愛玲抵達美國紐約。她在這裡舉目無親，一開始不知落腳何處，過了一段時間聽炎櫻的熟人介紹搬到一個女子職業宿舍。這個住處是救世軍所辦，是慈善機構建立的濟貧性質的簡陋房子，條件艱苦，環境也比較惡劣。投奔者大多是貧寒、失業的人。

救世軍是出名救濟貧民的，誰聽見了都會駭笑，就連住在那裡的女孩子們提起來也都訕訕的嗤笑著。唯有年齡限制，也有幾位胖太太，大概與教會有關係的，似乎打算在此終老的了。管事的老姑娘都稱中尉、少校。餐廳裡代斟咖啡的是醉倒在鮑艾里（The Bowery）的流浪漢，她們暫時收容的都是酒鬼，有個小老頭子，藍眼睛白鎊鎊（ㄆㄤ ㄆㄤ）的，有氣無力靠在咖啡爐上站著。

但張愛玲安之若素。

早在香港時，張愛玲就把自己寫的《秧歌》寄給胡適。信上寫：希望這本書能「有一點平淡而近自然的境界」。這正是胡適對其鍾愛的《海上花》所下的考語。數月有（指幾個餘月。有，音ㄧㄡˋ，同「又」），胡先生回信，對這本書肯定有加。

> 你這本《秧歌》，我仔細看了兩遍，我很高興能看見這本很有文學價值的作品。你自己說的「有一點接近平淡而近自然的境界」，我認爲你在這個方面已做到了很成功的地步！這本小說，從頭到尾，寫的是「饑餓」——也許你曾想到用《餓》作書名，寫得眞好，眞有「平淡而近自然」的細緻功夫。

後來，胡適之先生還把他讀過的那本《秧歌》寄還予她。上面通篇濃圈密點。恐怕沒有任何一篇評論能如胡適之先生通篇圈點的書這樣沉甸甸的了。

到美國後，張愛玲拉上炎櫻一起去看胡先生。說起來，他們兩家還是舊交。胡適之父親的仕途起點，是張愛玲的祖父提攜的。她的母親與姑姑也與他同桌打過牌。胡適之如此認真對待張愛玲，或許有一些還張家的恩的情分，但也確實是欣賞張愛玲。

我真感覺高興！如果我提倡這兩部小說（作者按：指《醒世姻緣》和《海上花》）的效果單止產生了這一本《秧歌》，我也應該十分滿意了。

不過此時的胡適之先生，並沒有享受到在大陸的地位，在美國沒有受到追捧。美國人哪裡瞭解新文化思潮、哪裡懂得五四運動。胡先生曾不好意思地笑著說過：在這邊寫文章都是要改的。想當年胡先生在國內學術界、社會上是怎樣的地位和身分？僅他這一句話，就一言難盡。炎櫻在外面打聽了一下也說，這位胡博士不大有人知道，沒有林語堂出名。

張愛玲看到這位當年在國內呼風喚雨，神明一樣的人物，在美國是這樣的境

遇，她會不會暗自心驚，且驚且恐。大洋彼岸的人對中國文化是這麼的陌生和拒絕。而她的寫作又該何去何從？英雄末路尚且如此，她的路又該怎麼走？

胡適之先生對這位晚輩很關心，擔心她孤身一人寂寞可憐，感恩節邀請她去中國館子。他又去她居住的女子宿舍探望她，看到張愛玲在這樣的環境下還精神抖擻地思考寫作，對張肯於吃苦，沒有虛榮心頗有讚賞之意。

後來張愛玲寫了一篇《憶胡適之》的文章，懷念與胡先生的點滴交往。在眾多的追憶胡適之燦若星辰的學術生涯的熱鬧文章中，這篇讀來悲風涼涼的小文，細膩傳神地折射出了胡適之當年在美國的一些際遇。張愛玲深深體會到胡適之先生晚年的落寂心境。

我送到大門外，在臺階上站著說話。天冷，風大，隔著條街從赫貞江上吹來。適之先生望著街口露出的一角空鎊的灰色河面，河上有霧，不知道怎

麼笑眯眯的老是望著，看怔住了。他圍巾裹得嚴嚴的，脖子縮在半舊的黑大衣裡，厚實的肩背，頭臉相當大，整個凝成一座古銅半身像。……我出來沒穿大衣，裡面暖氣太熱，只穿著件大挖領的夏衣，倒也一點都不冷，站久了只覺得風颼颼的。我也跟著向河上望過去微笑著，可是彷彿有一陣悲風，隔著十萬八千里從時代的深處吹出來，吹得眼睛都睜不開。那是我最後一次看見適之先生。

在胡適之的身上不知道張愛玲有沒有窺到自己的寫作命運。她接下來的事業也不順利。當年美國人對《秧歌》的熱情，完全是從政治上考慮。要他們眞正理解中國文化，根本難以辦到。就算是二十一世紀，中國文學想在英文寫作中打出一條路來，也是萬分艱難的。用英文寫作的中國人或者華裔，總不可避免地要把文本異化爲外國人領會異邦的窺看鏡。不怪、不驚、不奇，似乎就不能入他們的法眼。

賴雅，你也在這裡嗎？

張愛玲在救世軍的女子宿舍住得並不久，第二年，也就是一九五六年，她得到愛德華・麥克道威爾寫作基金會爲期兩年的寫作獎金。同年二月，她搬到該基金會所在地——新罕普什爾州。

在這裡，她遇見了——賴雅。

一九五六年三月十三日兩個人第一次見面。營地幽幽的大廳裡，爐火發著銀藍的光。新罕普什爾州的冬天異常寒冷，誰也不知道幾天以後一年之中最猛烈的暴風雪即將襲擊這一地區。由於冷，大廳裡遊樂、閒談的人不像往常那麼多，初來乍到的張愛玲帶著新鮮的目光，暗自打量這裡的一切。巨大的吊燈自天而降，一個個黃色的小燈泡緊密地擠在一起，發出暖暖的一團一團的小火焰。大廳的木

質桌子上了年頭，桌子四周一圈，磨得鋥（ㄗㄥˋ）亮光滑。有些地方，似乎著了酒，深一塊淺一塊，像是白蘭地。也不知是哪個粗心的人灑的。

這時沙發那邊突然爆發出一陣笑聲，吸引人不由自主地把目光移過去。張愛玲看到一個高大魁梧的男人正站在格子布沙發後面侃侃而談，鼻子挺拔且大。他熱情洋溢地表達自己的觀點，眉宇舒展自然，身旁聚集著好些人。人群不時「轟」的一聲笑出來。聲音最響亮的，仍是那個男人。張愛玲心想：這種口若懸河的說話方式，勢必口沫四濺，坐在沙發上的禿頂男人不知作何感想了。等會兒回到房間後，張愛玲一想到這裡，就大笑出聲來。她還是上海時的那個樣子，不笑則以，一笑，就是開懷大笑，樂出聲。抿口淺笑，似乎她學不會！

那個大鼻子的高個子男人就是賴雅。這次見面兩個人並沒有交談。

想像著兩個人的第一次會面，真像是美國好萊塢電影裡英格麗·鮑曼碰到愛德華大夫時的情景。這樣一個高大、英俊，穿西褲、襯衣談笑風生的男人，是很容易給人留下深刻印象的。

第二天，我們的男女主人公有了第一次短暫的談話。短短幾分鐘的時間，張愛玲給賴雅留下了「端莊大方、和藹可親」的良好印象。這個形象與張愛玲留給讀者的感覺截然不同，與胡蘭成第一次見她更不相同。

或許是因爲大洋彼岸的陌生，誰管你是不是李鴻章的後代，也不會去讀什麼《孽海花》，更沒有讀過《金鎖記》或《封鎖》。盛名難卻，有著這些累贅外衣的張愛玲常讓人覺得難以親近。其實不是她倨傲，而是她根本就不知道該如何言行才能不辜負那些窺看的欲望。

反而面對一個放鬆、不帶任何目的的陌生人，張愛玲不由自主地放鬆下來。就像在旅行途中，窗外是飛馳而過的風景，列車轟隆。對面坐著一個溫和的男人，他和你聊著諸如天氣、閱讀等話題。這時，你不再需要任何戒備和矯飾，也隨意閒散地說著話。有時候，還會掏幾句心窩子（内心深處）。誰都知道，火車一停，這輩子就很難再遇見。

賴雅天性熱情友善，對人總是一股腦的熱腸子。寫作營地的晚餐後，他不是

與人高談闊論、玩紙牌遊戲，就是來者不拒地幫人改稿子。他像一道火焰，熱烈洋溢地釋放著自己的光芒和熱量。

孤身一人前途無著落的張愛玲，這時碰到賴雅，一下子從腳底暖到了心窩。賴雅就像一團火苗，發出光和暖，溫熱了這個中國女子。

這時新罕普什爾州正是漫天大雪，皚皚白雪阻擋了一切出路。這兩個人，不問前路地相愛了。

一九五六年五月十四日，鶯飛草長。這天，是賴雅在麥克道威爾營地的最後一日。張愛玲堅持送到車站。月臺前，張愛玲向賴雅傾訴了自己在美國的困境，卻不是讓對方承擔自己。面對這樣一個「飽藏強烈能量」的男人——多年以後張愛玲這樣形容，她更多的是敞亮自己的狀態，讓對方瞭解自己的一切。雖然，沒有媒妁之言，也沒有將來明確的打算，但是，這個男人給了她安全感和溫暖感。所以，面對他，一切都是自然。

身處拮据的張愛玲，一雙慧眼早就看出這個也來營地獲取免費居住和寫作的

美國男人，經濟狀況並不好。所以，她亦不要他負擔什麼。反而，臨別贈金。這一舉動，在當時她自己的那種狀態來看，似比虞姬對項羽的理解，讓人唏嘘。

當年胡蘭成匿名潛逃，張愛玲一直給他匯錢匯物，情傷分手之際，還給了他三十萬元的「分手費」。這是因爲，她知道，胡要繼續逃亡，又不敢光明正大地謀生，手頭無錢。與賴雅，日後兩人的生活也是她一人承擔起養家糊口的重擔。後來從美國回香港寫劇本賺錢養家，熬得兩眼因潰瘍而出血。這樣一個女人，大家卻因爲她難以接近，而說她「冷」。哪知她一旦爲一個人付出，就這樣掏心掏肺、肝膽相照。兩個男人，兩次婚姻，都只差要了她的性命。

結婚，但不要孩子

如果沒有一樁意外，她與賴雅，可能就靠著書信往返，亦或相約於某個免費的寫作營地，讓兩地情亦濃亦淡、亦親亦疏地牽連。愛，不能坐實在瑣碎平凡的家庭生活時，就只能飄蕩在旅途間。

一九五六年七月五日，張愛玲的一封信寄到正在薩拉托卡泉鎮的賴雅手上，信中說自己懷上了賴雅的孩子。這個消息對兩個人而言，都不會帶來新生父母的那種喜悅。張愛玲自己就是孩子一樣的人，胡蘭成就從她的身上發現孩子氣質的存在。而她日常生活中能力的欠缺，也使她根本沒有精力來照顧小孩。她本身也不喜歡小孩，對生育這件事充滿恐懼。

憑空製造出這樣一雙眼睛，這樣的有評判力的腦子，這樣的身體，知道最細緻的痛苦也知道快樂，憑空製造了一個人，然後半饑半飽半明半昧地養

大他……造人是危險的工作。

……

我們的精力有限，在世的時間也有限，可做，該做的事又有那麼多——憑什麼我們要大量製造一批遲早要被淘汰的廢物？

同時，兩人經濟上都比較拮据。負擔自己都夠嗆，還要加上一個孩子，那簡直是不可能的事情。

「生個小盛也好，」起初汝狄說，也有點遲疑。

九莉笑道：「我不要。在最好的情形下也不想要——又有錢，又有可靠的人帶。」

以張愛玲的個性，如果是她自己能解決得了的事情，她也不會寫信去告訴賴雅。何況，這麼一寫，極容易讓人誤會是那種拿事兒要脅男人的女子。

想必，當她得知自己懷孕後是怎樣的恐懼和無助。何況她從來沒有過懷孕的經驗，與胡蘭成時沒有，如《小團圓》中和燕山一起時，亦沒有。

這件事情，賴雅做得很男人。他當天提筆寫信向張愛玲求婚，這時窗外大雨傾盆，賴雅冒雨跑到郵局，把這封信投進了綠色的郵筒。賴雅下定決心步入婚姻的殿堂，著實不易。因爲他每個月就只有五十多美元的養老金，連養活自己都困難，更別說支撐一個家庭了。我想如果沒有對一個女人強烈的感情，一個男人是不會這麼快就下決心的。

不過，這封勇敢的求婚信，還沒有寄送到當事人的手中，當事人就趕來了。在這個舉目無親的地方，一切都生疏，連下一步該怎麼做她都不知道。這時，她太需要一個肩膀靠一靠了。

數日的盤桓，兩個人作出了一致的重大決定：結婚，但不要孩子。

> 十幾年後她在紐約，那天破例下午洗澡。在等打胎的來，先洗個澡，正如有些西方主婦在女傭來上工之前先忙著打掃一番。

急死了，都已經四個月了。她在小說上看見說三個月已經不能打了，危險。好容易找到的這個人倒居然肯。

懷孕期間乳房較飽滿，在浴缸裡一躺下來也還是平了下來。就像已經是個蒼白失血的女屍，在水中載沉載浮。

女人總是要把命拚上去的。

她穿上黑套頭背心，淡茶褐色斜紋布窄腳袴（ㄎㄨˋ，即「褲」）。汝狄只喜歡她穿長袴子與鄉居的衣裙。已經扣不上，紐扣挪過了，但是比比說看不出來。

「生個小盛也好。」起初汝狄說，也有點遲疑。

九莉笑道：「我不要。在最好的情形下也不想要——又有錢，又有可靠的人帶。」

……

他（打胎的）走了。

沒一會，汝狄回來了，去開碗櫥把一把劈柴斧放還原處。這裡有個壁

爐，冬天有暖氣，生火純爲情調。

「我沒出去，」他說，「就在樓梯口，聽見電梯上來，看見他進去。剛才我去看看他們這裡有些什麼，看見這把斧頭，就拿著，想著你要是有個什麼，我殺了這狗娘養的。」

……

夜間她在浴室燈下看見抽水馬桶裡的男胎，在她驚恐的眼睛裡足有十吋長，筆直的欹（ㄧ，傾斜）立在白磁壁上與水中，肌肉上抹上一層淡淡的血水，成爲新刨的木頭的淡橙色。凹處凝聚的鮮血勾畫出它的輪廓來，線條分明，一雙環眼大得不合比例，雙眼突出，抿著翅膀，是從前站在門頭上的木雕的鳥。

恐怖到極點的一刹那間，她扳動機鈕。以爲沖不下去，竟在波濤洶湧中消失了。

就這樣，張愛玲和賴雅把他們唯一的孩子打掉了。

自己愛的人正好愛著自己

儘管有著懷孕的恐懼，但是張愛玲在這個小鎮上與賴雅相聚的那些日子，應該是愉快幸福的。畢竟一個男人開口向你求婚，雖然不能承諾任何未來，但是，此時此刻，他是愛你的。對於孤身飄零的張愛玲來說，在美國有一個家，比什麼都重要。

想像一下，小鎮上，兩人晚餐後手挽手地漫步在樹林邊的小河上。正值盛夏，綠樹成蔭、河水悠長，兩個人不用說什麼，好多的話，有足夠的時間留著以後慢慢講。走在他的身旁，看時光、河水慢慢流淌，這比什麼都重要。在美國，張愛玲一直在尋找落腳的地方，但找到的都不是家，只是宿舍。就像當年在學校一樣，隨時都可以離開，隨時都可以解除，沒有長性，沒有安全。不像現在，身邊的這個男人，答應給她一個家。雖然家在哪裡，一切都還需要確定，但是，當這個男人開口向她求婚的那一剎那，家，就是他了。聽著自己歡喜的笑聲，她一

時間有點恍惚，自己只有在二十七歲之前，曾經這樣開懷過。那時候，很多笑，是爲了另一個男人。都不記得自己有多久沒有這樣心無旁騖的大笑了。雖然這樣的笑，曾被母親批評爲沒有淑女風範。但，此刻，能做自己眞的很好。

賴雅，對自己也覺得不可思議。因爲他往往是「闖了禍就跑的」。這次，不知道這個來自中國的女人有什麼魔力，讓他駐足難逃。走在她的身邊，聽著她不時爆發出來的爽朗的大笑，自己也覺得滿心歡喜。河水無聲地往前，把樹的影子一幕幕地帶走。很像自己筆下的好萊塢電影裡男女主人公定情時的幕布背景。兩岸薔薇枝頭纍纍，不少都垂到河面上。看那河水在花枝前打一個盹又急急地往前趕。他緊緊地拉著她的手，幸福地嘆了口氣。或許，冥冥中一切都是注定的，生來兩個人就要相遇、相親、相愛。

他的人生，從父母離開德國來美國定居，從他二十多歲在麥克道威爾基金會戲劇節有一部戲劇入選，到他離開好萊塢到各個文學營地去，難道都是爲了幾十年後在這個麥克道威爾基金會的營地裡，碰見這個中國女人嗎？

愛情是美妙的，現實卻不能容你做夢。婚前，賴雅不得不老實地告訴張愛玲，自己一個人糊口還行，但養不了家。對於賴雅的實際狀況，張愛玲早猜得了個七、八分。跑到免費營地來的人，經濟條件都不會好。不管怎樣，當你四旁無依時，有一個你對他很有好感的人願意接納你，那麼錢不錢的，就都不算什麼。炎櫻不是說過「一個頭比兩個頭」好麼？當然，她這句玩笑話是指枕頭上。現實中，不也是這樣嗎？兩個人共同經營一件事情，總不見得就過不下去，不是還有一句話：兩人同心，其利斷金。

賴雅是張愛玲在這個龐大陌生國度上的親人。

一九五六年八月四日，張愛玲與賴雅在紐約結婚。這次婚禮，炎櫻也參加了。

在外人眼裡，這對異國夫婦實在相去甚遠。賴雅不僅是一個作家，他混跡於

文學圈，更像一個文學活動家，朋友、應酬滿天飛。而張愛玲即使在最飛揚的年頭，也視交際爲畏途。

任何與政治掛鉤的事情，張愛玲都不肯與此沾邊。就算當年與胡蘭成、與左翼文學，她都不是站在政治上來考慮的。而賴雅當時恰是著名的左翼文人，要是在中國，他就屬於張愛玲最不願意與之爲伍的那群「超人」。

賴雅還大張愛玲二十九歲，結婚這年，張愛玲三十六歲，賴雅卻是望七的老人。

生活中總有傳奇。這對夫妻，相處得很好。

賴雅與前妻所生的女兒在談到父親對張愛玲的感情時，是用「癡愛」這個詞來形容的。無獨有偶，炎櫻後來談到賴雅時也說：「我從來沒有見過一個人如此癡愛另一個人。」

張愛玲在寫給朱西甯的信裡說：「他是粗線條的人，愛交朋友，不像我，但是我們很接近，一句話沒說完，已經覺得多餘。」

很多年後，孑然一身的張愛玲，接受了詹姆士．萊昂的採訪。這位布萊希特（著名的德國戲劇家、詩人）的研究者，之所以採訪張愛玲是因爲賴雅是布萊希特的好朋友，當年布萊希特流亡美國，賴雅提供了最爲熱情和周到的幫助。後來，布萊希特蜚聲文壇，研究者甚多。但凡研究布萊希特，都不會忽略他流亡美國時的活動，而這些活動無一例外都與一個人有關聯：那就是賴雅。

與以往不同的是，張愛玲對這個陌生人敞開了心扉。她對賴雅的文學成就有著客觀愼重的評價。沒有因爲他是她的丈夫，刻意拔高。

從她的談話中可以看出，她懂他，很深。而且她愛他。

平實也是一種幸福

婚後的生活，平淡如實。

賴雅生性仁厚，一旦與誰有了感情，天長日久，情感愈加濃烈。張愛玲與其在一起的生活，不像原來與胡蘭成那樣，兩個人「坐而論道」，喜愛的都是對方的錦心繡口。賴雅承擔起家庭中繁雜瑣碎的事情，而這些事情不僅是張愛玲嫌麻煩的，也是她不擅長的。

賴雅看出這個中國女人在文學上有自己的抱負和野心，也有自己的天賦和才華；而對於他自己，雖然年輕時得到過很多光環，但現在他對文學已沒有太多的訴求。他心甘情願地做起了這個家庭的後勤，諸如買菜、做飯、打掃衛生、跑郵局寄稿件、上銀行、到雜貨店購物之類的瑣事，基本上賴雅一人就解決了。雖然整個家庭的經濟基本上是張愛玲在承擔，但是，賴雅從另一個層面給了張愛玲溫暖和愛，這才是家的感覺。

而在一些大事上，賴雅也遂張愛玲的願。張愛玲對鄉下清靜單調的環境難以忍受，喜歡大城市喧鬧鼎沸的生活，這多麼像當年她在香港、在上海，在那些高高的公寓陽臺上聽電車聲、看圓月、吃鹽水花生留下來的生活習慣啊。這也是她最享受最喜好的城市之聲。

賴雅雖然喜歡鄉下簡單的生活，但是為了張愛玲他最終還是放棄了自己的打算，與張愛玲一起申請去一些大城市的文藝營地，後來又在繁華熱鬧的三藩市定居。

這個男人是很寵張愛玲的。

天氣好的時候，賴雅會給張愛玲當導遊，與她一起領略美國城市的各種美。他們到過紐約、波士頓、華盛頓、三藩市等城市。張愛玲曾經說過，只要有賴雅，只要是賴雅陪著她，那麼這個城市整個都是她的。這是多麼飽含深情的依戀。

有空時，他們手牽手去看電影。不要忘了，賴雅可是給好萊塢當了十二年編劇。聽賴雅談起好萊塢電影的各種八卦趣聞，張愛玲樂得哈哈大笑。而這些電影張愛玲並不陌生，她也是一個影迷。當年在上海時，她曾經如癡如醉地追捧過每一部電影。

賴雅是那種天生的樂天派，與他在一起都會被他的溫暖、熱情所感染。他常常帶著張愛玲走街串巷，吃遍小吃，領略當地風光。這些地方，於他來說多半是舊地重遊，他熟門熟路、熱情周到、談笑風生、幽默風趣，給整個行程增色不少。有一年張愛玲過生日，他還帶著對脫衣舞表演好奇萬分的張愛玲一起去觀看。當愛情坐實在生活瑣事上時，不見得都變得平庸，反而有了更加可靠的依戀。

還不僅如此，賴雅更是張愛玲瞭解美國、進入美國社會的嚮導。有了賴雅這樣一個孜孜不倦的「老師」，張愛玲才能迅速地瞭解這個陌生的國度，包括各種政策、福利、責任、權益。可以說有了賴雅這樣一個當地人，張愛玲才有了被認同感。

一九五八年九月三十日，是張愛玲三十八歲的生日。沒想到那天早晨，秋雨颯颯，氣溫一下子下降好多。剛開始還是小雨，慢慢的，雨變大了。雨滴打在窗玻璃上，畫出一個又一個大大的圓。樹葉夾著雨飄落一地。有些黃盡，有些卻還有半成綠意。怎不敵這秋風秋雨，一起都掉了下來。

賴雅望向窗外，不知道這雨何時才會停。這時，聯邦調查局派人來核查賴雅某項債務問題，眞有點雪上加霜的意味。但就這麼著也沒能影響賴雅的心情，他唯一的想法就是這些人快點離開，雨快點停下來，好讓他們的好戲開場。

還是天公作美，聯邦調查局的人走後，天也放晴了。他們的慶典說起來眞的很簡單。就是先去郵局寄了封信，然後回家晚餐。接著張愛玲梳妝打扮，兩個人看了一場電影。再回到家中，吃完剩下的飯菜。看起來好平常平淡的內容，張愛玲卻告訴賴雅，這是她有生以來最快樂的生日。

或許眞的不需要驚濤駭浪的驚喜，相愛的人能手牽手沒有任何干擾沒有任何顧慮地做一些平淡的事情，也覺得幸福和滿足。

平常生活中才直見「死生契闊，與子相悅；執子之手，與子偕老」的眞實。

命運讓你痛，你卻要回報以歌

幸福的生活各有各的幸福，不幸的生活也有不同的不幸。在開始與賴雅的這幾年的生活中，歡愉中有時也有愁雲。結婚才兩個月的時候，賴雅就中風了。事實上，早在一九四三年他就有過一次輕度中風，一九五四年六十三歲時再次中風住院。這是第三次，使他變得非常虛弱。一九五六年年底時，他的病又一次復發，因面部神經痲痺再度入院。所幸的是，他就像一個打不倒的鐵人，總能從病榻中站起來，再一次面帶微笑。可賴雅的病無疑給他們的生活投下了難以抹去的陰影。賴雅不僅是她的丈夫，更是她的家、她的全部，是溫暖她的那束光。現在，這束光，隨時都可能熄滅，平靜的生活就像汪洋裡的一葉小舟，誰也無法預測下一刻是一如既往地前行，還是瞬間就被洶湧的波濤打入海底。

生命是一襲華美的袍，爬滿了蚤子。

張愛玲十九歲時參加《西風》雜誌三周年紀念徵文比賽時寫成的《天才夢》裡，一語成讖。

與貧窮疾病、生老病死這些壓力相比，最讓張愛玲痛心的是，她的「美國天才夢」沒有如願以償。當她艱辛完成的《粉淚》竟然沒有一個出版商願意出版時，她一下子被打垮，病倒數日，一個月之後才恢復過來。兩年後，炎櫻來信又談到此事，她不禁再次落淚，情緒低落到極點。有一次，夜裡她夢到一位不知名的中國作家取得了極大的成就，相比之下，她覺得很丟人。第二天一早她心痛無比地向賴雅描述夢中的情形。這些，都是她在美國文學夢一再受挫後的反應。

爲了養家糊口，張愛玲不得不把半個身子探回母語世界。多年來，在香港給她尋求劇本寫作並付給她最高稿酬的好友宋淇，一直幫她。人們常說張愛玲自愛得自私，親情愛戀在她身上常常毫不留情地一刀斬斷，寫的文字看透人間冷暖，爲人處事也通常決絕。

但是，當皇冠出版社的編輯爲她擋了一篇住在洛杉磯的女作家D小姐因參訪

她不得，轉而翻看「採訪」她的垃圾物品的報導時，她給出版社的編輯寫了一封信：

> 有時候片刻的肝膽相照也就是永久的印象，我珍視跟您這份神交的情誼，那張卡片未能表達於萬一，別方面只好希冀鑒諒。

同樣，在她自知來日不多時，她把自己所有作品的版權全部留給了宋淇夫婦。就因爲當年他們夫婦倆曾經幫助過她。

這就是張愛玲，對自己母親寫信來求臨終一見，終還是把信擱下，隱忍不發。對著一個素未謀面的編輯卻能寫下「肝膽相照」這樣的字眼。同樣的人，爲何一個看似寡情，一個卻形似深情？

仔細想想也想得通，她就是這樣的一個人。一切都依從自己的內心，對人對事絕沒有半點勉強，一邊可以擁有濃烈柔情，一邊又可以雲淡風輕。同時眼裡容不得半點沙子。簡單到常人覺得沒有人之常情，又亦或簡單到讓人接受起來分量

不輕。

劇本寫作其實並不是她所願。多年後，當詹姆士．萊昂採訪她時，對於賴雅的編劇創作，她認爲正是在劇本寫作時過多地運用套路模式，以及取悅觀衆的劇情安排，這些公式和竅門破壞了他成爲一個嚴肅作家的資質。張愛玲不僅深深地懂得賴雅，同時，她還瞭解劇本寫作。從她給香港電影圈寫劇本開始，她就明白這些駕輕就熟的題材、故事，可以說都是某種公式的派生物。只要熟悉公式，加入適當的技巧，把人物填充進去，一部劇本也就完成了。而這種東西寫多之後，創作者的開拓思想會被削弱，落筆處更會缺乏個性。如果創作者本身沒有很強的抵禦能力，更容易被這種模式牽著鼻子走，久而久之，完全都是套路的東西，自己的文學之路卻越來越窄。

想一想，好萊塢本來就是一個只看是否賣座、只認票房的光怪陸離的圈子，它哪裡管你「嚴肅作家」的夢。而這個聲色利誘的圈子，多的是人趨之若鶩。賴雅能在裡面寫十二年的劇本，既是幸也是不幸。

一九六一年夏天，張愛玲打算爲她計畫寫作的英文小說《少帥》到臺灣搜集資料，同時她想去香港尋找更多的謀生機會。賴雅雖然不情願，但也沒有理由阻止她。就這樣，十月，張愛玲離開三藩市飛往臺北，帶著她對新機遇的憧憬。計畫寫作中的《少帥》是以張學良爲原型的小說，她指望著能以這個美國人比較熟悉的人物故事來打開美國文壇的局面。同時，香港那裡等著她的工作是要把她鍾愛一生的《紅樓夢》改寫成一部上下集的電影。這些都是她很喜歡做的事情，更可喜的是，她開始受到臺灣一些文藝圈子的追捧。

另外，雖然在美國生活了六年，但是畢竟不是自己的母語圈子。在這個國度，不被認可帶來的陌生感、距離感，始終折磨著她。這次，終於拿到綠卡，獲得美國公民身分，終於可以不再爲綠卡而心懸上下；終於可以放心地離開，不用擔心回不來。張愛玲選擇這個時間回臺灣、香港，頗值得玩味。

回到有著同樣審美和觀念的環境，聽著熟悉的母語，看著相似的面孔，這些都讓她放鬆。就像我們在水裡憋久了，猛地沖出水面，重重地舒坦地深呼吸，是那樣的痛快、恣意。

採訪張學良的願望落空了，其實想一想都能知道，此時張學良還被軟禁，怎麼會允許人採訪呢？但這沒影響她的心情。因爲此時，她在臺灣已有一幫追隨者。夏志清後來廣爲流傳的《中國現代小說史》中，專爲張愛玲開闢一章。這一章最初曾以論文的形式出現，一九五七年由夏志清的哥哥夏濟安翻譯後刊登在臺北的《文學》雜誌上。夏濟安是臺灣大學外文系的教授，白先勇、歐陽子、陳若曦等人都是他的學生。經由夏濟安的推薦，夏志清的文章無疑引起了這些日後成爲臺灣文壇著名人物的文學新人對張愛玲的關注，或者說是敬意。

這樣的一次旅行讓張愛玲興致甚高。因爲讀了王楨和的小說《鬼·北風·人》，看到裡面對花蓮的描寫很感興趣，還安排了一次花蓮之行。按照計畫，她還準備從花蓮去臺東、屏東，參觀屏東的矮人節，而後取道高雄回臺北。

可是剛到臺東，張愛玲就接到消息：賴雅嚴重中風。

算起來她離家不過十來天，回不回去，這樣的問題讓她左右爲難。當時她離開美國時只買了一張單程機票，手頭並沒有多餘的錢買回程票，她是帶著孤注一擲的決心想著要在香港大幹一場的。現在連香港都沒看到，她怎麼心甘？慶幸的

是，賴雅的病情也基本穩定下來，而他這一病也需要更多的花費。帶著矛盾的心情，一九六一年十一月，張愛玲到了香港。

這是她有生以來第三次到香港，也是最後一次回到祖國。

但是這次香港已經不復親切。電影界的情形與二十世紀四〇年代的上海和五〇年代初的香港的電影圈大不一樣。電影公司對編劇不大重視，一切都是老闆和導演說了算。劇本會被隨意篡改，編劇也得隨時根據導演或者老闆的意思修改腳本。

她需要改寫成上下集的《紅樓夢》本子，一再修改，很長時間都沒有通過。這期間，她甚至完成了另一個劇本。《紅樓夢》改寫未遂，她就拿不到稿酬，那麼她的香港之行就完全失敗了。所以，在身體狀況不佳的情況下，她仍然不得不加班加點（在規定的工作時間之外，繼續工作一段時間），眼睛寫出血來，也不忍放棄。更讓人心驚的是，修改過程中，聽說另一家電影公司居然也搶著要拍《紅樓夢》，而現在這家公司可能要放棄這個計畫，這更讓她心急如焚。

夜深人靜時，在狹窄的居室裡，從視窗望著遙遠的月光，而此時，香港的月亮是那麼的陌生和冷漠。這個她一再認爲能給她帶來好運的「朵雲軒信紙上的一滴淚」，這個有著強烈衝撞的鮮豔色彩讓她喜歡的地方，這個不同文化種族大雜燴的地方，第一次讓她如此心涼。

在香港盤桓幾個月後，張愛玲才與賴雅聯繫上。之前她寫的信之所以石沉大海全是因爲她弄錯了地址，現在得知賴雅病情大見好轉，她懸著的心終於放下來了。賴雅每一封來信，都催促她早日回去。如果說兩人的婚姻，一開始多是張愛玲依賴賴雅，那麼此時，久病年老的賴雅不僅從身體上，從心理上也開始依賴張愛玲了。每一封來信，他都盼著她回家。

家，對於這兩個人來說，非比尋常。孤獨、失意、沮喪的人，只有回到家中才能溫暖。那份依賴和依戀，不僅是療傷的良藥，更是生活下去的希望。

賴雅在信中告訴張愛玲，他找了一處新家，就裝修風格，他們在信中還討論了一番。對於營造一個溫暖的家，兩個人都很用心。可見，他們彼此是非常珍惜

對方的。

就這樣，雖然香港的事情懸而未決，一九六二年三月十六日，張愛玲鎩羽而歸。

這一次遠東之行，可以說收穫甚微。但當賴雅在華盛頓機場迎接她時，他並沒有看到一個愁容滿面、疲憊不堪的張愛玲。或許是因爲看清了現實並接受了現實，她反而有一份放鬆。或許是因爲看清，她對自己的將來有了新的調整和計畫。回到美國的張愛玲顯得生機勃勃。我想這份生機的後面，還有一種昂揚的鬥志。

分別了半年的兩個人，在賴雅選中的公寓裡面安頓下來，過了一段平靜的時光。雖然沒有採訪到《少帥》的主人公，她還是投入寫作，同時繼續給香港電影公司寫劇本。

人生就是一場場考驗

二十世紀六〇年代中葉，賴雅癱瘓在床，喪失了工作和自理能力。這時，張愛玲更得埋頭寫劇本賺錢養家。不僅如此，她還得扮演護士、義工的角色。不擅長家務的她，要去照顧一個大小便失禁的人。這些困難她都只能一個人扛著。可見，這時她生活和精神上承擔著怎樣的壓力。

雪上加霜的是，一直幫她在香港聯繫劇本工作的宋淇，離開了電影公司。而寫劇本一直是她經濟上很大的來源。她不得不從所住的公寓搬到黑人區中福利性質的廉價住所。同時，她重新聯繫美國新聞處，尋求更多的翻譯工作，並將美國之音的一些西方名著改編成廣播劇。

對於張愛玲這樣一個有著強烈的文學夢、文學迷的人來說，沒有文學創作，不能寫作自己喜歡的文字，其實是非常痛苦的。這種痛苦，於常人來說難以理解，但對於她來說，簡直比掏心掏肺還痛苦，完全是抽掉了她生命的軸心。成天對著一個病入膏肓，已不可能康復的人，她會是怎樣的心情？

後人推測她此時的狀態，常常用她在港大讀書經歷港戰時，寫成的《燼餘錄》來判斷。那時日本人攻城，十八天後香港淪陷。時間雖然不長，但全城人還是經歷了一次生死場。張愛玲她們這些港大的學生也不例外，逃難的逃難，沒有地方可逃的人，爲了有口飯吃，就去做看護。

> 有一個人，尻骨生了奇臭的蝕爛症。痛苦到了極點，面部表情反倒近於狂喜……眼睛半睜半閉，嘴拉開了彷彿癢絲絲抓撈不著地微笑著。整夜地叫喚：「姑娘啊！姑娘啊！」悠長地，顫抖地，有腔有調。我不理。我是一個不負責任的，沒良心的看護。我恨這個人，因爲他在那裡受磨難，終於一房間的病人都醒過來了。他們看不過去，齊聲大叫：「姑娘。」我不得不走出來，陰沉地站在他床前，問道：「要什麼？」他想了一想，呻吟道：「要水。」他只要人家給他點東西，不拘什麼都行。我告訴他廚房裡沒有開水，又走開了。他嘆口氣，靜了一會，又叫起來，叫不動了，還哼哼：「姑娘啊……姑娘啊……哎，姑娘啊……」

三點鐘，我的同伴正在打瞌盹，我去燒牛奶，老著臉抱著肥白的牛奶瓶穿過病房往廚下去。多數的病人全都醒了，眼睜睜望著牛奶瓶，那在他們眼中是比卷心百合花更爲美麗的。

香港從來未曾有過這樣寒冷的冬天。我用肥皀去洗那沒蓋子的黃銅鍋，手疼得像刀割。鍋上膩著油垢，工役們用它殿湯（即煨湯，用微火將湯煮熱），病人用它洗臉。我把牛奶倒進去，銅鍋坐在藍色的煤氣火焰中，像一尊銅佛坐在青蓮花上，澄靜，光麗。但是那拖長腔的「姑娘啊！姑娘啊！」追蹤到廚房裡來了。小小的廚房只點一支蠟燭，我看守著將沸的牛奶，心裡發慌，發怒，像被獵的獸。

這人死的那天我們大家都歡欣鼓舞。是天快亮的時候，我們將他的後事交給有經驗的職業看護，自己縮到廚房裡去。我的同伴用椰子油烘了一爐小麵包，味道頗像中國酒釀餅。雞在叫，又是一個凍白的早晨。我們這些自私的人若無其事地活下去了。

大家總是用這篇文章來分析，認為張愛玲此時此刻對賴雅也是這樣的心情。其實這些看似冷血的描寫，僅僅是戰爭中，一群年輕學生的寫照。張愛玲冷靜地，沒有粉飾、也不誇張地寫出來，她展現在讀者面前的是人性。但並不是她的全部。

有時候，文學造詣很高的人，為文與為人常常能涇渭分明。所以以此文來推測張愛玲，實在是欠妥。

當年，為了那個胡姓男人，她跨過諸江麗水，顛沛流離地去找他。為了與賴雅的生活更好些，她寫作寫得兩眼流血。這些事情，又是常人能夠承受並堅持的嗎？

我想，面對病床上終不可康復的丈夫時，張愛玲更多是哀傷而不是憤怒。或許也有抱怨也有失望，但，當看著一直緊緊拉著的手，漸漸地放鬆時，心中的痛苦又哪是旁人能夠理解的？

張愛玲曾經嘗試請人來照顧賴雅，自己前往營地寫作掙錢。但是別人的照料難以周到，這一嘗試還是行不通。

一九六七年，她申請到洛克菲勒基金會的資助，此外，位於麻州康橋的雷克德里芙大學也向她發出邀請。這一次她把丈夫帶在了身邊。

一九六七年十月八日，生命落幕了。賴雅離開了。

後來那個布萊希特的研究者採訪張愛玲時說：

她與賴雅最後的那幾年過得艱難（賴雅晚年健康狀況惡化，致使他生活起居幾乎事事要人照料），我很訝異在這樣的前提下，她能敞開心懷毫不忌憚地與人談論他。言詞中，她對這個在生命將盡處拖累她寫作事業的男人，絲毫不見怨懟或憤恨之情。相反地，她以公允的態度稱許她先生的才能，說明他的弱點所在。

賴雅去世時七十六歲。這時張愛玲四十七歲。照理說，她還有愛人或者婚姻的機會。但從此，她關閉心門。賴雅去世多年後，她仍冠以他的姓。

9 傾城之戀的香港

我喜歡貴陽的青岩。喜歡那裡的青石板路和石板搭建的小房子。它留在我心中的全是迤邐的記憶。

二中門前邂逅張愛玲

第一次讀到《傾城之戀》，是在二中門前文筆街轉角的小書店。

記不得店名，印象中有一個灰撲撲的招牌，招牌下是紅油漆的木門。還是那種老式的木板門。一塊一塊長條形的木板組合起來，就成了門。每塊木板大小形狀基本相似，奇怪的是，你要是把它們調換次序，這扇門關起來就不那麼伏貼。常常聽見下班關門時，有人哐當哐當地拍打門板。懶得記它們順序的人，就在木板上用白色粉筆寫下阿拉伯數字。關門閉戶時，你從跟前走過，常會不自主地順著數：1、2、3、4、5……

小書店七八尺見方，三面書架，沒有窗戶。木板門卸下來，老闆就緊貼左邊書架倒放在地上。如果，你要拿架上的書，那麼你得踮著腳尖把手伸長了去夠。注意要保持平衡，別不小心一腳踏在人家門板上。仔細一看，紅漆蹭掉不少。沒

有漆的地方，露出裡面淡黃色的木頭心子。

老闆在一進門的右側，放小小的書桌一張。上面鋪開一些市場上比較受歡迎的書。他從不招呼顧客，自顧自地埋頭看書。我喜歡去這樣的店。沒有寒暄的壓力，也沒有購物的壓力。來去自如。

那天，英語老師又一次無故拖堂，所以我比約定的時間晚了將近一個小時才到書店。學校大門離書店也就三、四分鐘的距離。雖然近，卻因爲在轉角，你在這頭，其實什麼也看不到。心裡七上八下，不知道T會不會生氣。那時，沒有手機，也沒有後來完全被淘汰的BP機。發不了短信也無法告訴對方自己的處境。不是有人說，在那個年代，一旦出了門，就相當於失蹤？

好難想像那時，人與人之間是怎麼保持隨時聯絡的。是不是，其實不用時時讓人找到自己，也不用時時都與人保持聯繫。在現在這個年代，讓自己耳根清淨，也是一件奢侈的事？

曾經在飯桌上，聽到一個美女說，她要是五分鐘不開手機，她就覺得與這個

世界失去了聯繫。她想像這沒有網路的五分鐘，她的手機一定被人打爆了，紛紛撲來的短信擠滿的信箱，滿世界都有人在找她。而地球那一頭，一定發生著驚天動地需要她去解決的事情。而她，因爲失去這條聯絡的通道，整個人不知所措、茫然無知、寸步難行。

人，有時把自己看低些，也是一種智慧。

還是說那個五月初夏的事。

G城的夏天，向來比較涼爽。我們都還穿著長袖襯衣。臨近期末，C老師都會瘋狂地加班加點，期望把我們修煉成機器人。有做不完的《英語輔導》。趴在課桌上，說不出的疲憊。一旦跳出學校，我才活絡過來。晒著外面的陽光，人也有了暖意。我三步並兩步地順著斜坡往下趕。一轉身，站在書店門口。

沒人抬頭看我。

老闆看著自己的書。

T緊緊地貼在右邊的書架上，頭埋在一本書裡。

我等著T抬頭看我。

T突然合上書，面向書架說：「今天你遲到了。」我正想派C老師的不是，T忽地扭頭過來，搖搖手中的書笑道：「我今天找到一本好書。你來得不巧，我還沒有看完。」我擠過去，「給我看看是什麼書？」看著T沒有因爲我來晚而生氣，我舒了一口氣。注意的重心轉而放在書上。

封面簡單得有些敷衍。上面只有四個字：傾城之戀。

「誰寫的？」

「張愛玲。」

那個下午，我和T站在書架前，歪著頭，囫圇吞棗地看完了書中同名的那篇不長的小說。我很佩服地看著T：「你是怎麼發現她的？」T洋洋得意地扇扇手中的書：「是不是你們又加課了？那麼這要感謝你們的C老師了。要不是在這裡耽擱這麼久，我也不會翻到這本書啊！」

書還比較新，孤零零的一本插在書架上。那個時候，還沒有後面的如火如荼

的張愛玲熱，但是已有書商敏銳地捕捉到一些訊息，在沒有授意版權的情況下，大量任意地印製了她的很多著作。這本書，想必就是這樣製造出來的。

那天，從書店出來時太陽已經落山了。這是我們第一次閱讀《傾城之戀》。

去淺水灣尋那堵牆

若干年後，我到香港。哪兒都沒去，先去了淺水灣。

原有的淺水灣酒店一九八二年已經拆了，改建成現在的影灣園商場及高級酒店式公寓。雖然重建時保留了當年的特色和風格，在外觀上與昔日的淺水灣酒店面貌差別不大，還是那兩層樓的帶歐陸風情花園的長長一排小房子。恍然間，沒有看到范柳原、白流蘇，倒是看到那個印度的薩黑荑妮公主挺著古典的直鼻子、殷紅的厚重的小嘴唇、黑沉沉的大眼睛深深地框在黑眼影裡，兩頰像飛了金的觀音菩薩，穿著領口直開到腰際的極窄的V字形金魚黃緊身長衣站在酒店二樓的陽臺上。那是巴黎最新的款式。

她似夢非夢地看著酒店下面的沙灘、海水，半夢半醒間，翹著十指尖，上面塗著嫣紅。

在我的印象中，這才是香港，才是淺水灣，才是白流蘇、范柳原的世界。

旅遊觀光者只知道銅鑼灣、蘭貴坊、時代廣場、SASA，他們就是衝著「ON SELL」來的。行色匆匆，一副時不我待的樣子。在維多利亞灣沒有沾上海的潮氣，在山頂沒有領略重巒疊嶂的萬家燈火，在地鐵中沒有體會龐大而精緻的複雜。其實他們哪裡見過眞正的香港？亦或是半島酒店樓頂的驚鴻一瞥、置地廣場的奢華衣物、南北樓的四川小吃？亦或是住在廟街的阿妹很小就塗上口紅掙錢養家；一大家子擠在直插雲霄的塔樓裡，窗子外面咫尺間就是別人的家；驚爲天價的房子貴得讓男孩子從小就背負掙錢買房的負擔，而女孩子就一門心思地尋個好人家？

往往步出頂級商場不到三分鐘的步程，一轉角，就是若干吃食攤，都擠在高樓的一層鋪面。旁邊有時就是賣小報雜誌的攤兒，隨便也賣點飲料。而有些小販連門臉都沒有。往往是一座高層物業一樓鴿子籠一樣的電梯間外面，就掛著銷售雜物的小紙板。

躋身在若干高聳樓群，兩眼都看不到五米之外。午餐時分，西裝革履、胸口

戴著公司名牌的人，都會下樓來。小小的餐廳一時間擠滿了人。也不知道看著油膩的餐桌、握著手中的塑膠杯，還有多少食欲。

眞不知道到底哪個才是眞正的香港。

雙層巴士來了。我聽著叮叮噹噹的鈴聲穿過馬路，跳上汽車。汽車起步晃悠間，我已經跑到頂層上去。坐在第一排。那天，下雨了。一掃之前潮悶的空氣，雨越來越大，座位前的觀光玻璃模糊得什麼都看不清。紅燈時，我打開左手邊的窗子。伸手出去，正好可以抓著路邊樹叢的樹葉。小臂全溼了，我還是樂此不疲。

車啟動了。我拉著樹葉不放。結果，嘣的一聲，樹葉拉斷了。嘩地一下子樹葉彈出了白花花的雨水濺到樹底下。我偷樂著：誰要是這時站在樹下肯定會覺得雨下大了。

聽著斑馬線上的警示鈴聲，伸出手摘車窗外的樹葉。我心裡面全是滿滿的快樂。或許人生有時候就需要這樣隨性恣意的小小的快樂。

汽車山迴路轉地前行著，雨開始一點一點變小了，突然間，一下子就收了。或者因爲是熱帶季風氣候，這裡的雨說下就下，說停也就停了。等汽車在淺水灣停站時，太陽已經明晃晃地掛上天頭。

我跳下汽車時，手搭涼棚擋著兩眼。還沒有站穩，汽車咣啷一聲又關門開走了。車站設在山路上，遠眺，就是淺水灣了。

我一個人在沙灘上走。背後就是影灣園商場及高級酒店式公寓。公寓樓的整體構造正中心是鏤空結構，看著覺得好奇怪。香港人講究風水，或許覺得這樣的設計，既得山又得水。正中心的這個空，正好可以看見樓身後青色的山。山那頭的風，穿洞而過，呼嘯地越到海面上。海上的潮氣，也能蔓延至樓群，與群山呼應。

我來來回回地在沙灘上走。身後留下一串串潮溼的腳印。沙灘上隔幾米就種

有一棵樹。我從這頭走到那頭，尋找那空中飛跨的一座橋樑。因為，橋這邊是一堵灰磚砌成的牆壁。反覆尋了幾次，都沒有找到那堵范柳原和白流蘇的牆。那堵，我認為會橫亙在宇宙間、存在於時間的無涯的牆。

柳原靠在牆上，流蘇也就靠在牆上，一眼看上去，那堵牆極高極高，望不見邊。牆是冷而粗糙、死的顏色。她的臉，托在牆上，反襯著，也變了樣——紅嘴唇、水眼睛、有血、有肉、有思想的一張臉。柳原看著她道：「這堵牆，不知為什麼使我想起地老天荒那一類的話。……有一天，我們的文明整個地毀掉了，什麼都完了——燒完了、炸完了、坍完了，也許還剩下這堵牆。流蘇，如果我們那時候在這牆根底下遇見了……流蘇，也許你會對我有一點真心，也許我會對你有一點真心。」

因為有了這堵牆，才讓我覺得淺水灣與眾不同。這堵牆承載著太多人對愛情的幻想。我總固執地認為范柳原就是在這堵牆下，與白流蘇一起看著落日下的淺

水灣，看著那澎湃的紅的、橘紅的、粉紅的、深紫的海水，一條條地直濺到眼前。范柳原背靠著這堵牆給白流蘇講《詩經》上的那首詩：「死生契闊，與子相悅；執子之手，與子偕老。」在這天地間，耳邊是驚濤拍浪，近處的青灰色的海水汩汩地吞吐淡黃色的沙灘，一層層白色的泡沫湧上來。天也接近青灰色，遠處才有一絲光亮。是暴風雨來臨前的最後一份迴光。流蘇抵著牆站著，低著頭。宏大的荒漠間，就只剩下他和她。

他們把彼此看得透明透亮。僅僅是一剎那的徹底地諒解，然而這一剎那夠他們在一起和諧地活個十年八年。

他不過是一個自私的男子，她不過是一個自私的女人。在這兵荒馬亂的時代，個人主義者是無處容身的，可是總有地方容得下一對平凡的夫妻。

後來的小女子，知道「死生契闊，與子相悅；執子之手，與子偕老」這一句話，都是從張愛玲來的。對於她們，這是一句錚錚的愛情宣言，比地老天荒更讓

人信任。

那天實在沒有找到牆，最後我背靠沙灘上的一棵樹，海水一層一層地沖刷沙灘，腳下站久了，會現出兩個汪水的坑來。我吹著海風，面朝大海，居然也有一點曠世之感。

那次在香港，其他地方都沒有去。因爲這一次就是奔著淺水灣來的。

之後，翻年到次年夏末，趕著夏天最後的陽光把運動鞋拿出來洗一洗。這雙鞋還是上次去香港時穿的。閒置了一年，是該晒一晒了。我歪著頭就著陽光抽鞋帶，這時，我突然發現裡面有些亮晶晶的東西，陽光下很奪目。我把手伸進去，指尖上帶出的是一些細細的白沙子。

我又想起淺水灣尋找牆的經歷。那天後來在沙灘上脫了鞋任性地來回走。

那時正是野火花茂盛的季節。它們一叢一叢地在任何一個可能的土壤裡面生

長。白天映襯著藍天的湛藍、海水的青藍，它們豔得發紫。夜晚，隔著黑黑的夜，還是能感覺出那紅色。

> 黑夜裡，她看不出那紅色，然後她直覺地知道它是紅得不能再紅了，紅得不可收拾，一蓬蓬一蓬蓬的小花，窩在參天大樹上，劈離剝落燃燒著，一路燒過去；把那紫藍的天也熏紅了。

那天我在沒膝的海水裡面走，腳下是細軟的沙子。可能就是這樣，才帶回了這些淺水灣的沙子。白色的沙子在陽光下發著奪目的光。我展開掌心，那些沙子靜靜地停在那裡，反射著陽光。我一直盯著看，刺目的陽光讓眼睛疼得流下淚來。

范柳原、白流蘇、淺水灣酒店，還有那堵牆，一切都灰飛煙滅。

有一天，我們的文明整個地毀掉了，什麼都完了——燒完了、炸完了、坍完

了，也許還剩下這堵牆。流蘇，如果我們那時候在這牆根底下遇見了……也許你會對我有一點眞心，也許我會對你有一點眞心。

這就是淺水灣的故事。

後記

當我寫完這本書的文稿時，窗外已是秋意闌珊。站在陽臺往下望，河邊樹林黃綠交替，層層蔓延開去。秋風過處，河面微瀾，樹葉搖曳，很有些蕩漾生姿之勢。

給人寫傳是一個痛苦的過程，特別是如果傳主的一生還有很多磕碰（大陸方言用語。比喻挫折）。感同身受，有時候並不好受。我力求通過張愛玲身邊的人，來還原一個張愛玲的生活世界。這是因為，但凡一個人與自己身邊最親的人相處時，都是毫無保留的原汁原味。從這些最本真的人和事上面，才能瞭解最真實的張愛玲。

張愛玲通過文字，給我們一個五彩斑斕、獨特有味的世界。有時會聽到有人說，她最好的成就只是在上海灘寫出來的那幾部作品，之後寫不出什麼好東西來。言語間很是不屑。其實，大多數偉大的作家，成名的、有代表性的作品不也

就是那麼一兩部嗎？張愛玲之所以給這些人鑽了空子，全在於一直到臨終前，她都還在孜孜不倦地寫作。

毋庸置疑，她是一個偉大且勤奮的作家。單單是她筆下的那些愛戀、聲色、光影，就值得我們研讀若干年。我想，就算再過一百年，還是會有很多人喜歡她。在我們目前一年一淘汰的書業，這是怎樣的一個奇蹟？

一個女人，可能最讓人津津樂道的還是她的婚姻和愛情。大家看張愛玲，也不忘記她的兩段感情。當我寫到她責問胡蘭成不給她安穩時，我真的是替她心痛。為了愛情，哪個女人都可能拚掉性命。

寫這本書時，有時候感覺文字無法寫盡的感情，我就畫了下來。全書一共有九幅畫作，作為另一個理解張愛玲的途徑和視窗。

本書在策劃和寫作過程中，得到了許多同行的關懷與幫助，以及許多老師的大力支持，在此向以下參與人員致以誠摯的謝意：張力、譚平、張信與、張秦川、陳黎明、周小舞、黃躍東、曾雪瓊、陳婭文、唐菊紅、付小燕、袁婷婷、李茜、曾薇、黃馬榮、吳松、郭鳳蘭、唐雪芹、陳佳、張姚、王鍵、馬天浩、李東

貴、邱洋洋、楊姝、林晶、陳小佳、宋超、何力、易雪梅、周玲、王仙菊、陳俊麗和楊燕雲。

最後，我要感謝我愛的人和愛我的人。感謝你們，讓我擁有很多。真心地感謝你們包容我的一切，讓我有一個幸福、快樂、健康的生活。再次感謝你們，擁抱你們，吻你們。一切的一切，都讓我用更多的愛來愛你們。

張愛玲心語 插圖筆記

蒼涼之所以有更深長的回味，就因為它像蔥綠配桃紅，是一種參差的對照。

《自己的文章》

見了他，她變得很低很低，低到塵埃裡，但她心裡是歡喜的，從塵埃裡開出花。

（張愛玲寫在自照背面贈胡蘭成）

我從諸暨麗水來，路上想著這是你走過的。及在船上望得見溫州城了，想你就在著那裡，這溫州城就像含有寶珠在放光。

（張愛玲對胡蘭成說的話）

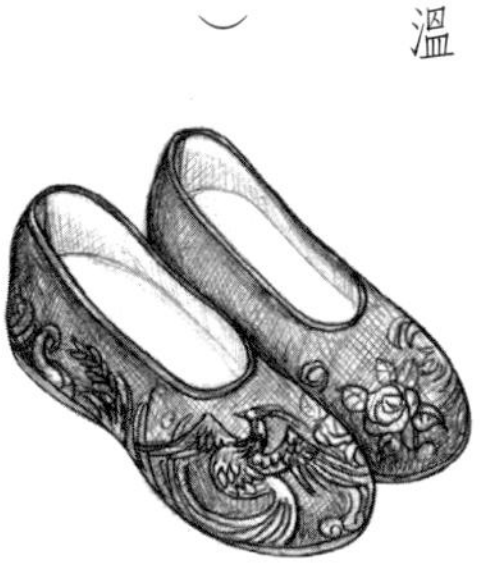

不管你的條件有多差，總會有個人在愛你。不管你的條件有多好，也總有個人不愛你——對不愛你的人，要懂得放手，對愛你的人，要懂得感激，不需過於自卑，無謂過於自信。

《半生緣》

生在這世上，沒有一樣感情不是千瘡百孔的。

《傾城之戀》